Erwin Rohde

Die Religion der Griechen

Rede zum Geburtsfeste des höchstseligen Großherzogs Karl Friedrich

Erwin Rohde
Die Religion der Griechen
Rede zum Geburtsfeste des höchstseligen Großherzogs Karl Friedrich
ISBN/EAN: 9783743446762

Hergestellt in Europa, USA, Kanada, Australien, Japan

Cover: Foto ©Lupo / pixelio.de

Manufactured and distributed by brebook publishing software (www.brebook.com)

Erwin Rohde

Die Religion der Griechen

Die Religion der Griechen.

REDE

zum Geburtsfeste des höchstseligen Grossherzogs

KARL FRIEDRICH

und zur akademischen Preisvertheilung

am 22. November 1894

von

Dr. Erwin Rohde,

Grossherzoglich Badischem Geheimen Rath und o. ö. Professor der classischen Philologie

d. z. Prorector der Grossh. Bad. Universität Heidelberg.

Heidelberg.
Universitäts-Buchdruckerei von J. Hörning.
1895.

Hochansehnliche Versammlung!*)

Wieder ist der Tag gekommen, an dem unsere Universität sich in pietätvoller Feier des Andenkens jenes hochgesinnten Fürsten vereinigt, den sie als ihren zweiten Begründer verehrt. Sie blickt gerne zurück auf die Zeit, da Grossherzog Karl Friedrich unsere Alma mater nach tiefem Verfall zu neuem Leben aufrief. Denn von daher hat sie ein ununterbrochener Siegeslauf getragen bis zu dem Glanz und Glück der Gegenwart. Es sind nicht mehr ganz dieselben Kränze, wie ehemals, nach denen heute der Lauf geht. Dennoch fühlen wir uns im Geiste eins und eng verbunden mit den wackern Männern, die einst, als unsere Vorgänger, in die neu eröffnete Palästra der Musen zuerst eintraten. Die Wissenschaft macht — wie die Natur — keine Sprünge und Seitensprünge; ihr Fortschritt verknüpft in stetig ununterbrochenem Zusammenhange das erste und das letzte Glied zu Einer Kette.

Wenn nun der Philologe die Gedanken zurückwandern lässt zu den Anfängen unserer neubegründeten Hochschule, so zieht von selbst seinen Blick auf sich die Gestalt eines, bald nach der Neubegründung hierher berufenen, dann bis fast in die Mitte des Jahrhunderts vielseitig hier thätigen

---

*) Die Rede wurde, an Stelle des unglücklicherweise um die Zeit der akademischen Feier erkrankten Verfassers, von Herrn Hofrath Dr. Schöll vorgetragen, die Feier eingeleitet und der Jahresbericht verlesen durch den Exprorector, Herrn Geh. Rath Dr Erb. Beiden werthen Collegen sei für ihr bereitwillig helfendes Eintreten auch an dieser Stelle Dank gesagt. E. R.

Mannes, Friedrich Creuzers. Längere Zeit allein und immer an erster Stelle vertrat er die Lehre der klassischen Philologie und Archäologie. Er hat durch seine Lehrthätigkeit um die Einpflanzung philologischer Studien in Baden und ganz Süddeutschland sich unleugbare Verdienste erworben. Seine Vorlesungen zogen ein weites und eifrig theilnehmendes Publikum an: noch hatte die Philologie nicht nur Lehrer, den Besitz ihres Wissens mitzutheilen, sondern auch eine Gemeinde, ihn ernstlich aufmerkend aufzunehmen. Aus seinen Vorlesungen erwuchs ihm das Hauptwerk seines Lebens, die „Symbolik und Mythologie der alten Völker, besonders der Griechen". Ein Buch, das zu seiner Zeit eine ungemeine Wirkung that. In vier Auflagen wurde das umfängliche Werk verbreitet, in fremde Sprachen mehrfach übertragen; trotz heftiger Bestreitung von gegnerischer Seite gab der Inhalt lange Zeit Beispiel und Vorbild für viele Studien auf dem Gebiete der Religionsgeschichte alter Zeiten. Jetzt ist es todt; nur noch ein historisches Interesse knüpft sich an sein Andenken. Die Grundvoraussetzung Creuzers von einem lehrenden Priesterstande, der in Griechenland, aus der Weisheit des Orients belehrt, ein begrifflich Erkanntes in Bildern und Symbolen der Menge bewusst verhüllt und halb enthüllt habe — diese Voraussetzung ist geschichtlich unhaltbar. Die auf dem Boden dieser Grundvorstellung erwachsenen Ansichten, Auslegungen, Deutungen griechischer Sage und Religion konnten nicht haltbarer sein. Die Zeit hat sich von Creuzers Anschauungen völlig abgewendet; und mit Recht. Immer bleibt ihm das Verdienst, aus dem antiquarischen Gehege, in dem Thatsachen des Cultus und der religiösen Sitte geistlos zusammengetrieben wurden, herausgetreten zu sein, und die Religion des Alterthums selbst, ihrem geistigen Gehalte nach, sich zum Problem gestellt zu haben. So mag es als eine Anknüpfung an eine alte Heidelberger Tradition gelten, wenn heute der Blick, nicht freilich aus Creuzers Gesichtspunkten, sich richten will auf die Religion der Griechen.

Die griechische Götterwelt, der Kreis der Gestalten, auf die sich die religiöse Verehrung der Griechen bezieht, tritt uns gleich in dem ältesten Dichtungswerk griechischer Zunge in abgeschlossener Rundung entgegen. Eine Schaar erhabener Wesen von einer unvergänglichen, höheren, reicheren Lebensfülle, als den Menschen vergönnt ist, unter der Oberherrschaft des Zeus auf olympischen Gipfeln thronend, weithin durch alle Breiten und Tiefen der Erde, des Meeres, der Unterwelt wohnend und waltend, in höchster sinnlicher Bestimmtheit und Kraft sich regend. Wie diese Welt erhabener Wunschgestalten plötzlich vor uns aufsteigt, aus einer unerforschten Vorzeit in homerischer Dichtung vollendet hervortritt, fragen wir uns erstaunt, wo doch die Lebensquelle rinnen mag, die solche Sicherheit und zweifellose Gewissheit des Daseins all diesen göttlichen Idealwesen verleihen konnte; wie der Glaube an die thatsächliche Existenz dieser mit Namen benannten, nach ihrer Eigenart wohl von einander unterschiedenen göttlichen Personen sich, als gründete er sich auf die gewisseste Thatsächlichkeit, unter griechischem Volke verbreiten und unaustilgbar befestigen konnte. Kein Auge doch hat diese Gestalten gesehen, kein Ohr sie gehört. Sie sind keineswegs Erfindungen der Dichter; keinen Priesterstand hat es gegeben, der den Glauben an ihr Dasein und ihr Wirken unter dem Volke lehrend verbreitet hätte. Und doch sind sie von Menschen erdacht. Wie konnte das von Einzelnen Ersonnene, vielleicht von Einzelnen unter dem Zwang einer Vision Erschaute, von Niemanden absichtsvoll verbreitet, zur Ueberzeugung der Vielen, ja des ganzen Volkes werden? Die Frage ist freilich keine andere, als sie im Anblick der verbreiteten Vorstellungen einer rein aus dem Volke hervorgegangenen, nicht durch einen Religionsstifter planvoll aufgebauten und ausgebreiteten Religionsweise jedem sich aufdringen wird, der nicht selbst in diesen Vorstellungen befangen ist. Was von einem „Gesammtgeist" eines Volkes, dessen „collectives Denken" solche Wunder bewirke, begütigend gesagt zu werden pflegt, erklärt nichts: denn der Vorgang eines „collectiven Denkens", für das es keine Organe giebt, ist ja eben das Wunder.

Die besondere Art des, wie auch immer im Volke entstandenen und ausgebreiteten, durch die Dichter und späterhin nicht am wenigsten durch die unausweichlich verdeutlichende Kraft plastischer Kunst in sichere Formen gebannten Glaubens der Griechen an eine Welt unsichtbarer und doch leibhaft lebendiger Götter würden wir besser verstehn, wenn wir diesen Glauben, dessen Vollendung uns schon Homer vor Augen stellt, auf seine Ursprünge zurückleiten und in seiner Entwicklung begleiten könnten. Aber jenseits Homers liegt das Dunkel; kaum dass wenige Glühwürmchen darin herumgaukeln. Zwar, die Wissenschaft der „vergleichenden Mythologie" bietet sich an. Sie meint, uns zurückführen zu können bis in die Zeit noch ungetrennten Beisammenseins der später vereinzelten Stämme der indogermanischen Völkerfamilie. Sprachvergleichend meint sie eine erhebliche Anzahl von Götternamen als den Urbesitz jener Völkerfamilie nachweisen zu können; nicht wenige Sagen, die — so meint sie — sich als gemeinsamer Schatz indogermanischen Volksthumes ausweisen, geben dem Leben dieser uraltesten Götterwelt bestimmten Inhalt. Dieser soll sich als eine Art mythologischer Meteorologie darstellen, in der die Götter, als Personificationen, sei es der grossen Himmelskörper, sei es — denn hier wird die Wahl gelassen — der in Wolkenbildung und Gewitter wirksamen Kräfte segensreich oder zerstörend thätig erscheinen.

Es mag gegenwärtig nicht mehr viele Forscher geben, die der Haltbarkeit solcher Reconstruction ältesten Götterglaubens rechtes Vertrauen schenken. Die Etymologien, mit deren Hilfe eine ganze Schaar solarer oder nubilarer Gottheiten als Gemeinbesitz indogermanischer Urzeit erwiesen werden sollte, haben sich nicht bewährt. Es scheint, dass von solchen Namen, die uns später als Benennung göttlicher Wesen begegnen, allein die Benennung des Himmelsglanzes, die dem Namen auch des griechischen Zeus zu Grunde liegt, der Sonne, und der Morgenröthe wirklich als schon in urältester gemeinsamer Sprache angelegt sich erweisen lassen. Dass dies schon von jeher Benennungen von Göttern, die der Mensch anbetete, gewesen seien, ist damit nicht gesagt. Wenn man weiter bedenkt, dass selbst die allgemeine Bezeichnung des Begriffes „Gott" den in Urverwandtschaft zusammenhängenden Sprachen nicht gemeinsam ist, so begreift sich eher als die Zuversicht auf das Uralterthum eines ganzen indogermanischen Götterhimmels selbst die paradoxe Ansicht, die neuerdings geäussert worden ist: dass die Indogermanen überhaupt noch gar keinen Götterglauben gekannt hätten. Jedenfalls die grossen Götter, zu denen, seit es ein selbständiges Volk der Griechen gab, dieses Volk betete, dürften ihren Ursprung nicht in der Phantasie indogermanischer Urväter haben.

Zuverlässiger als eine, auf Nachweisung historischer Zusammenhänge ausgehende vergleichende Mythologie gibt von den Wurzeln menschlichen Religionswesens die anthropologische Forschung Kunde. Indem sie die, bei solchen Völkern der ganzen Erde, die in primitiven Zuständen stehn geblieben sind, wahrzunehmenden Formen religiösen Lebens zur Uebersicht bringt, lässt sie, aus der erstaunlichen Einförmigkeit der überall zu beobachtenden Urvorstellungen, die Anschauung einer Regel gewinnen, nach der der menschliche Geist, unbeschadet seiner sonstigen Besonderungen nach nationaler Eigenthümlichkeit, überall in gleicher Richtung seine ersten Gedanken und Vorstellungen von unsichtbaren Mächten zu lenken pflege, fast eines Gesetzes, nach dem er sie lenken müsse. Was auf Grund eines solchen Analogieschlusses als unterste Lage religiöser Vorstellungen überall vorauszusetzen ist, hat sich auch in griechischer Religion, in der ja niemals eine, aus grundsätzlicher Ueberlegung die überkommenen Glaubensgestaltungen umbildende Reform Widersprechendes und Veraltetes abgethan hat, in deutlichen Spuren erhalten. Wer darauf achten will, wird in ihr von ursprünglichem Fetischismus merkliche Ueberreste finden. Eine primitive Mythologie, die Feld und Wald, Fluss und Berghöhle und alles, was die Wohnplätze der Menschen nahe umgibt, mit Geistern bevölkert, hat im Schatten der mächtigen Götter des Olymps und ihres lichten Cultus uralte Fäden ungestört weitergesponnen. Wir haben hinreichenden Grund, einen Seelencult, eine Verehrung des im Menschen selbst verborgen lebenden, nach dessen Tode zu selbständigem Dasein ausscheidenden Geisterwesens auch in Griechenland, wie wohl überall auf Erden, unter den ältesten Bethätigungen der Religion zu vermuthen. Lange vor Homer hat der Seelencult in den Grabgewölben zu Mykene und an andern Stätten ältester Cultur sich seine Heiligthümer erbaut. Die weitere Entwicklung des Götterglaubens bis zu der Vollendung, in der er in den homerischen Gedichten vor uns steht, können wir nur ahnend uns vergegenwärtigen. Wie sich der Umfang der Interessen, der Macht des Menschen über den engen Kreis unbeschützter Nothdurft ausdehnt, seine Aufmerksamkeit sich in Raum und Zeit weiter erstreckt, zieht sich der Kreis göttlicher Gewalten, durch die er sich und sein Leben gehemmt oder gefördert sieht, weiter und weiter. Wo immer ihm Aeusserungen selbständiger innerer Lebendigkeit und Bewegung in der Natur entgegentreten, ahnt er die Wirkungen unsichtbarer Kräfte, die er sich nicht anders denn als beseelten, aus bewusstem Willen handelnden Personen eigen denken kann. Nichts ist todt und geistverlassen: ein göttliches Leben regt und offenbart sich bis hinauf zu den Sternen des Himmels und über den Sternen. Wie nun die Phantasie weiterschafft an der Ausbildung der aus ihren Wirkungen als unsichtbar thätig erschlossenen göttlichen Gestalten; wie sie dann die einzelnen aus ihrer Vereinzelung zieht und in einem grossen Zusammenhang aneinanderschliesst, unter grösseren und geringeren Mächten eine Abstufung festsetzt; wie aus der Menge göttlicher Wesen der engere Kreis eines höchsten Götteradels emporsteigt, über allen aber die Herschergestalt des Zeus sich erhebt; wie ihn und die grossen Götter um ihn verehrender Glaube über die Niederungen der Erde emporträgt zu der Höhe des Wolkensitzes über dem Berge Olympos an Thessaliens Nordgrenze; wie ein königlicher Götterhof der Vorstellung sich aufbaut, sehr verschieden von dem ungeordneten Geistertreiben einer Bauernreligion, in der die Stammesvettern in Italien befangen blieben; — das Alles wollen wir nach Art und Ursachen uns genauer deutlich zu machen nicht versuchen. Gewiss ist wohl, dass den einzelnen Göttern Rang und Umkreis ihrer Wirksamkeit sich bestimmt je nach der Gemeinde, die sie verehrt. Ueber dem Seelencult der Familien, dem Ahnencult der Geschlechter, über den Wald- und Feldgeistern, die der Jäger, der Hirte, der Ackersmann verehren, erhebt sich, in immer höher gezogenem Bogen, der Cult der Dorf- und Gaugemeinde, der Stadtgemeinde, der Stammvereinigung. Mit ihren Gemeinden wachsen die Götter. Dichter, weltliche Dichter, nicht priesterliche Sänger, wirken, frei und doch nach festem Stilgesetz, an der Ausbildung der hehren Gestaltenwelt. Homer und Hesiod, so sagt es ja schon Herodot, sind es, die den Griechen die klare Bestimmtheit ihrer Göttervorstellungen geschaffen haben. Die Dichter vor allen haben dahin gewirkt, dass sich über dem, in unübersehbarer Mannichfaltigkeit zersplitterten Partikularismus der örtlich beschränkten Culte ein Kreis höchster Götter von allverbreiteter Wirkung und Anerkennung schliesst, zu denen alles Griechenvolk verehrend aufblickt, an die griechische Schriftsteller denken, wenn sie einen allgemein griechischen Glaubenskreis als ein Ganzes dem Götterwesen fremder Völker gegenüberstellen.

In der Betrachtung der Fülle dieser Göttergestalten und ihrer Besonderungen wird sich nicht verlieren dürfen, wer die religiösen Vorstellungen der Griechen sich und Anderen verdeutlichen will. Auch nicht in der Verfolgung der Geschichten und Sagen, die diese Göttervielheit in Beziehungen zu einander und zur Menschenwelt zeigen. Gering ist die Zahl eigentlich religiöser Göttersagen, solcher, die ein religiöses Verhältniss, einen religiösen Glaubenssatz, vorbildlich, in typischen Beispielen erläutern. Der sagenbildenden Phantasie sind die Götter, von jeder religiösen Beziehung abgelöst, ganz selbständige Gestaltungen von hohem künstlerischem Werthe geworden, mit denen die Dichtung ein geniales Spiel treibt. Sie kann dabei so völlig zu vergessen scheinen, dass die Helden ihrer Sagen und Gedichte keine anderen sind, als die hehren Wesen, zu denen der Mensch betet, dass Philosophen wie Xenophanes und Dichtern wie Pindar, die diese Freiheit des Spiels mit dem Göttlichen nicht mehr verstanden oder verstehn wollten, das Nichtreligiöse hier ins Irreligiöse umzuschlagen schien.

Für die Erkenntniss des religiösen Verhältnisses des Menschen zur Gottheit können wir aber selbst von der, in ungezählten Einzelgestalten

ausgeprägten Vielheit der Götterwelt absehn. Zwar: der Gott, zu dem er
betet, ist dem Griechen stets ein persönliches Einzelwesen, Einer von Vielen.
Die Vielheit und Mannichfaltigkeit des Götterwesens ist Grundvoraussetzung
seines Glaubens. Es beruht auf irrthümlicher Auffassung, wenn man meint,
der Grieche habe einen Zug zum Monotheismus gehabt, den freilich manche
Darstellung des Gegenstandes sogar als älteste Grundlage des griechischen
Polytheismus uns empfehlen möchten.

Nicht einer Einheit der göttlichen Person, wohl aber einer Einheitlich-
keit göttlichen Wesens, einer in vielen Göttern gleichmässig lebendigen
Gottheit, einem allgemeinen Göttlichen (θεῖον), sieht sich der Grieche gegen-
übergestellt, wo er in religiöse Beziehung zu den Göttern tritt. Selbst
im Cultus, in dem er sich stets an einzelne, bestimmt mit Eigennamen be-
nannte Götter wendet, kann er in seiner Vorstellung von dem Einzelgott,
den er verehrt, weit über die Grenze des Sonderamtes, das etwa sonst
diesem Gotte zugestanden wird, alle Fülle göttlicher Macht und Segenskraft
vereinigen, so dass ihm der Eine momentan statt Aller gilt. Von solchem
„Henotheismus" — der durchaus nicht gleich Monotheismus ist — zeigen
sich in griechischer Litteratur Beispiele genug. Wo aber der Grieche in all-
gemeiner Wendung von religiösen Verhältnissen und Beziehungen redet,
wird er in der Regel nicht, wie im Cult, einzelne Götter mit Namen nennen,
sondern von „den Göttern", der „Gottheit" (τὸ θεῖον, τὸ δαιμόνιον) reden. Man
hat das namentlich für den frommen Xenophon beobachtet; es gilt aber
für die meisten Schriftsteller, selbst Dichter. Auch „der Gott" oder — was
in diesem Falle ganz dasselbe besagt — Zeus wird in solchen Fällen ge-
nannt. Es wird eben im religiösen Verhältniss der einzelne Gott in Thätigkeit gedacht, insoweit das allverbreitete Göttliche, die Gottheit, in ihm sich
darstellt und auch sein Wesen ausmacht. Von dem gegenseitigen Verhältniss des Menschen und dieses Göttlichen in allen Göttern hat zu reden,
wer von griechischer Religion reden will.

Der Götter keiner hat die Welt und was sie umfasst, erschaffen. Nirgends
begegnet in griechischer Ueberlieferung eine solche Vorstellung, auch da

nicht, wo etwa von dem und jenem Gegenstand in der Welt gesagt wird, dass die Götter ihn „gemacht", das will aber nur sagen, ihn ausgebildet haben. Die Götter stehen der Natur und der Welt nicht, wie der Schöpfer dem Geschaffenen, als ein Anderes, Unterschiedenes gegenüber. Sie selbst gehören zur Welt; sie sind ganz innerweltliche Wesen. Wo von dem Ursprung aller Erscheinungen der Welt phantastische Betrachtung sich Rechenschaft zu geben sucht, wird auch den Göttern eine Herkunft von der Erdmutter, oder aus dem gährenden Chaos zugeschrieben, mehr ein Entstehen aus blinden Werdekräften, als eine Erschaffung durch bewusste Willensmacht. Sie sind aus gleichem Urquell emporgestiegen wie auch das Geschlecht der Menschen: „von Einer Mutter haben Beide Leben und Athem", sagt Pindar. Das gilt von den ältesten Vertretern beider Klassen der Lebewesen. Fortzeugend haben diese dann die jüngeren Geschlechter hervorgebracht. Auch der Gott ist geworden, innerhalb des Weltganzen entstanden; der Geburtstag eines Gottes wird in naivem Cultgebrauch vieler Orte als sein höchstes Fest alljährlich gefeiert.

Obwohl in der Zeit entstanden, haben die Götter doch nach der Zukunft hin ein zeitlich unbegrenztes Dasein: ein Widerspruch der Vorstellung, der schon manchen Alten bemerklich geworden ist. Die religiöse Ueberzeugung hält aber unbeirrt daran fest: die Götter sind unsterblich, unvergänglich. Das ist ihr höchstes Vorrecht, auf dem ihr Unterschied von den Menschen wesentlich beruht. „Unvergängliche Menschen" nennt kühn aber bezeichnend Aristoteles die Volksgötter. Im Uebrigen hat sich der gläubige Grieche mit fruchtloser Grübelei über Wesen und innere Natur dieser Götter, die seiner Phantasie so klar vor Augen standen, nicht beschwert.

Die Welt, die sie nicht erschaffen haben, ist der Obhut der Götter anvertraut; sie leiten und lenken sie nach einheitlichem Plane. Die Welt ein Kosmos: diese Vorstellung, wenn sie auch erst eine philosophirende Zeit sich mit diesem, aus dem politischen Gebiete übertragenen Namen verdeutlicht, ist griechischer Auffassung von jeher vertraut, griechischer Sinnesart wie mit Nothwendigkeit auferlegt. Dieser „Wohlordnung" in der nichts ohne Beziehung auf anderes und auf das Ganze steht, ihre Lebendigkeit zu wahren, ist das Werk der Götter. Der Natur in all ihren Höhen und Tiefen walten sie; der gesetzmässige Verlauf des Naturlebens ist ihr stilles Werk; sie sind es auch, durch deren gewaltigen Eingriff die Natur in einzelnen Wundererscheinungen aus ihrer gesetzmässigen Bahn getrieben wird, den Menschen zum mahnenden Zeichen. Auf den Menschen, als den Mittelpunkt des Seins und Werdens bezieht griechische Religion alles göttliche Thun, nicht minder kindlich als andere Religionen.

Den Menschen hat der Gott nicht nach dem Grundbestand seines Wesens erschaffen; aber die Bestimmtheit seines Daseins verdankt jeder einzelne dem Gotte. Alles kommt dem Menschen von Gott. Seine äussere Gestalt, seine Kraft und Schönheit, sein inneres Wesen, Verstand und Charakter: alles ist göttliche Gabe. Was das Leben wechselnd darbietet, in Schicksalen, an äusseren Gütern, dem Einzelnen und den Gemeinschaften der Menschen: der Gott hat es gegeben. Um alles und jedes kann der Mensch den Gott im Gebete angehn; denn alles kann Er verleihen, Er allein. Der Grieche fühlte im tiefsten Herzen, wie bald er überall auf die Grenzen seines eigenen Vermögens stiess, wie eng der Kreis sei, in dem sich sein bewusster Wille und zielsetzender Verstand thätig regen könne. Alles, was jenseits dieses Kreises liegt, was dem Menschen kommt ohne sein Zuthun, ja ohne sein vorhergehendes Bewusstsein, das verdankt er göttlichen Mächten. Das ist aber in der Fülle des Bleibenden und des momentan Vorübergehenden der grösste Theil, fast der ganze Inhalt des Lebens. Eine Zusammenfassung unzähliger, meist ganz beiläufig fallender, das allgemein Zugestandene ohne besonderen Nachdruck vorbringender Aeusserungen in Dichtungen und prosaischen Schriften aller Zeiten des Griechentums, in denen alles, was das Menschenleben umfasst und ausfüllt, einzeln und gesammt, aus der Gnade der Götter hergeleitet wird, würde zum Erstaunen deutlich erkennen lassen, wie tief gewurzelt, wie breit verzweigt das Gefühl der Abhängigkeit von göttlicher Macht und Lebensleitung unter Griechen war.

Die Götter sind die Geber alles Guten. Aber auch alles Böse kommt von ihnen. Das ist die im Volke verbreitete Vorstellung, wie sie ganz ungemildert Zeus, der höchste Gott, im Anfang der Odyssee aussprechen muss: „wie beschuldigen doch die Menschen uns Götter: von uns sagen sie, kommen alle Uebel." Der Dichter (und sein Zeus) ist nicht mehr ganz dieser Meinung. Dennoch bricht sie immer wieder einmal hervor, bei lyrischen Dichtern (besonders heftig bei Theognis), in der Tragödie, selbst bei dem frommen Xenophon; und so fehlt es bis in hellenistische Zeit herunter nirgends an zahlreichen Aussprüchen, die erkennen lassen, wie fest diese Anschauung gewurzelt war. Und zwar werden von den Göttern abgeleitet nicht nur, wie alle Schickungen des Lebens, so auch dessen äussere Uebel und Plagen, sondern ganz besonders oft und nachdrücklich werden — von der Ilias an, in der diese Vorstellung in voller Kraft steht, durch alle Zeiten — die inneren Bewegungen menschlichen Sinnes zum Bösen und Verkehrten auf Eingebung, ja Verführung durch einen Gott zurückgeführt. Ihr himmlischen Mächte, ihr lasst den Armen schuldig werden, dann überlasst ihr ihn der Pein: — die Worte des Dichters sprechen unübertrefflich klar und herbe die nie ganz überwundene Meinung und Empfindung der Griechen aus.

Frommer Sinn macht sich diese Thatsache einer Verblendung des Sterblichen durch eine göttliche Macht, die er als Erfahrung und Wirklichkeit doch bestehn lässt, erträglicher durch die Annahme, dass solche Verleitung zum Frevel der Gottheit dienen müsse, einen Anlass zu gerechter Strafe des Frevlers zu schaffen, auf dem etwa noch ungesühnte Schuld eines Vorfahren laste und Sühnung heische. Aeschylus lebt in dem Kreise so harter Gedanken; aber auch ausserhalb der Dichtung, bei Herodot, in Plato's Alterswerk, den „Gesetzen", ja bei einem volksthümlichen Redner des vierten Jahrhunderts begegnet, vielleicht durch den Einfluss der Tragödie genährt, ähnliche Vorstellung. In Sophokles' Trauerspielen schimmert, in einer anderen Art von Theodice, der Gedanke durch, dass die Gottheit auch den Unschuldigen in Frevel und Leid verstricke, wo für den Verlauf des

Ganzen der Menschengeschicke, den ihre Weisheit überschaut und leitet, dies förderlich und nothwendig sei.

Solcher mildernden Umdeutungen entkleidet, steht die, im Volke offenbar allgemein verbreitete Vorstellung von einer Gottheit, die auch Schlimmes sende, das Böse veranlasse, mitten in der rein ethischen Religion der Griechen als ein Ueberrest einer ältesten vormoralischen Zeit, die in den unsichtbaren Uebermächten eben nur die Macht sah, von der eine noch rein eudämonistische Religion zwar Förderung der Lebenszwecke erhoffte, aber ebensosehr Schädigung und Verletzung fürchtete. Religion und Götterglaube standen nicht auf dem Grunde der Moral in einer Zeit, in der es eine Moral, eine bewusste Unterscheidung zwischen dem was gut und böse sei, noch nicht gab.

Nichts ist ja unrichtiger, als der Satz, den man einem berühmten Aesthetiker oft nachgesprochen hat: dass sich das Moralische überall und immer von selbst verstehe. Sollte sie sich von selbst verstehn, so müsste die Moral eine a priori der menschlichen Vorstellung eigene, nothwendig gegebene, unwandelbare Form der Auffassung sein. Die Moral aber ist wandelbar nach Zeit und Ort; wir können ja noch verfolgen, wie sie geworden und gewachsen ist, hervorgewachsen als ein Ergebniss menschlicher Entwicklung, als der edelste Ertrag der Lebensarbeit höher gebildeter Menschheit. Aufgefunden aber und aufgestellt hat sie nicht zuerst und unmittelbar die Religion. Die religiösen Triebe sind überall — die Völkerkunde zeigt es ja — älter als die moralischen Triebe. Religion kann sich auf ihrem besonderen Gebiete hoch entwickeln ohne einen nothwendigen Bezug auf das Moralische. Die moralischen Vorstellungen entspringen ganz im Weltlichen, im Boden der bürgerlichen Gemeinschaft, aus der Nothwendigkeit, die Interessen der Gesammtheit gegen die wilden Fluthen der Begierden und Uebergriffe der Einzelnen zu schützen. Einmal aufgestellt, treten sie der Religion zur Seite. Es ist schwer denkbar, dass eine Religion von den moralischen Grundgedanken, die sich in der weltlichen Gesellschaft entwickelt haben, auf die Länge sich entfernt halte. Die Religion verschmilzt mit der Moral. Sie heiligt die Moral; bald scheint es, als ob die Moral ein Erzeugniss der Religion wäre. Die Götter selbst, so sagen uns griechische Dichter und Denker, haben die Gebote einer moralischen Lebensordnung gegeben: sie sind es, in deren Schutz und Obhut die Befolgung dieser Gebote steht. Unter dem Einfluss der vordringenden Moral versittlichen sich die Götter selbst. Man kann den Fortschritt zu reinerer sittlicher Auffassung des Wesens und Thuns der Götter selbst von der Ilias zur Odyssee verfolgen, und weiter von der Odyssee zu Pindar, um gleich die Höhe des in dieser Hinsicht Erreichten zu bezeichnen.

Gleichwohl bleibt ein Ueberrest älterer und ältester, vormoralischer Art den Vorstellungen, die man sich vom Götterwesen machte. Es blieben ja unverwischt im Andenken der Menschen die uralten Sagen, in denen das Bild der Götter und ihres Thuns ohne alle Rücksicht auf moralische Reinheit oder gar Heiligkeit gezeichnet war. Und so wurde auch der Glaube an eine, Uebles nicht minder als Gutes verleihende Gottheit nie ganz entwurzelt. Und eine Empfindung, die das Götterwesen, das „Dämonische" — ein Wort, das schon bei Homer einen Klang von Gefährlichkeit, fast von Tücke hat — mehr mit Scheu, als mit Zutrauen betrachtet, blieb gerade dem ausgesprochen frommen Sinne eigen: bei Herodot und Sophokles ist sie deutlich zu spüren. Es ist ja sehr bezeichnend, dass δεισιδαίμων, der die Götter fürchtet, bis zu Aristoteles hinunter, der wahrhaft Fromme, und erst in jüngerer Zeit der heisst, der von dem Wesen der Götter eine falsche, abergläubische Vorstellung hat.

Doch hält in der Zeit entwickelter Moral auch solche Götterscheu der Frommen durchaus an der Vorstellung fest, dass der Eigenwille des Gottes unter ein höheres Gesetz gestellt sei, dem er in der Welt zur Geltung zu verhelfen freiwillig thätig ist. Das Gesetz aber wird vorgeschrieben von der Moral, wie sie, innerhalb ihrer Grenzen, die πόλις, die weltliche Gemeinschaft der Bürger, gefunden und aufgerichtet hat. Eine rein religiöse, eine priesterliche Moral kennt griechische Volksreligion nicht, eine solche, wie sie mit ihren Forderungen sich über einer schon befestigten weltlichen

Moral bei manchen anderen Völkern erhoben hat. Es konnte eine solche Moral sich nicht bilden, wo ein Priesterthum als eine ständisch abgeschlossene Macht nicht vorhanden war; wo der Priester, vom weltlichen Leben keineswegs abgelöst, nur ein Beamter der Gemeinde neben Anderen war, der sein Amt durch Wahl oder Loos oder Kauf von der Stadt gewonnen hatte, nur ein Opferer, nicht ein Lehrer des Volkes; und wo eine von der bürgerlichen Gemeinde unterschiedene religiöse Gemeinde, wenigstens im Religionsleben der Städte und Staaten, nirgends existierte. Alle einer Priestermoral natürlichen Tendenzen: Abwendung von der Welt und ihren Trieben, und Hinüberwendung zu einer Welt göttlicher Reinheit; Sündenangst und Busse, — das Alles ist, zugleich mit der Priestermoral, griechischer Religion ganz fremd geblieben. Ihre Götter selbst wohnen nicht ausserhalb dieser Welt, sie sind ein Theil der Welt, wenn auch der heiligste und erhabenste. Sie fordern vom Menschen nicht Weltverneinung, die hier zugleich Gottesverneinung wäre. Nur in den Grenzen der Moral, die der Bereicherung und Sicherung des Welllebens dient, nicht seiner Aufhebung, fordert auch für sein Gottesideal das fromme Bewusstsein die höchste Stelle. Truglos, wahrhaftig, gerecht und gütig soll der Gott gedacht werden: so fordern es auf den Höhen griechischer Entwicklung Dichter und Denker des fünften und vierten Jahrhunderts. Das Schädigende und Böse, wo es übergewaltig, dämonisch, einwirkt ist man jetzt geneigt, einer eigenen Klasse von Daimones zuzutheilen, nicht mehr den grossen Göttern des Olymp, sondern niedrigeren Geistern, Geistern der Erdtiefe, rückständig gebliebenen Schöpfungen ältester, noch ungeläuterter Religionsvorstellung, von denen, in eigenthümlich geordnetem Cultus, nicht Gnade, nur Fernhaltung ihrer schädigenden Macht der Fromme erfleht. Plato zuerst, als Vorgänger vieler Anderen, redet von einem ganzen Zwischenreich von „Dämonen", denen alles zugetraut wird, was an Wirkungen unsichtbarer Mächte der hohen Götter unwürdig erscheint. So wird die Gottheit selbst alles Bösen und Niederziehenden entlastet. Den Göttern darf der Mensch vertrauen; Gerechtigkeit, eine unbeirrte Gerechtigkeit ist der lautere Inhalt ihres Wollens und

Waltens. Milde ist ihr Sinn. „Vater Zeus" ruft den erhabensten der Götter traulich an der Mensch, der in seine Huth sich stellt. Wohlwollen hat der Gott für den Menschen und das Menschengeschlecht. Aber hier ist die Schranke griechischer Denkart erreicht: eine Gottheit, deren innerstes Wesen Liebe wäre, Liebe zum Menschen, nicht nur zu einzelnen Auserwählten, ist griechischer Vorstellung nicht aufgegangen.

Die Richtung der Gedanken der religiös Gestimmten ging nicht dahin, die Gottheit in liebender Herablassung dem Menschen anzunähern, vielmehr sie in Reinheit und Erhabenheit höher und ferner zu rücken. Alte Zeit hatte die Götter menschlichem Leben näher gedacht. Sagen ohne Zahl berichten von dem Verkehr der Götter unter den Menschen; wie sie auch als Merker des Rechts und des Unrechts unerkannt unter den Menschen umwandeln. Das war in alter Zeit ein Hauptanliegen der Götterverehrung gewesen, wie man die Götter durch Opfergaben und religiös bedeutsame Handlungen, durch das lockende und bindende Wort des Zauberspruchs, des Gebetes, dem Menschen zu Dienst und Hilfe nahe heranziehen, heranzwingen könne. In uralten, bei feierlichen Gelegenheiten im Namen der Stadtgemeinde gesprochenen Fluchformeln, in den, in unzähligen Fällen geforderten und geleisteten eventuellen Selbstverfluchungen der Eidesformeln — rein religiösen Akten, deren Heilighaltung oft als sehr wesentlicher Theil der Frömmigkeit gepriesen wird, deren Missbrauch im Meineide aber vom bürgerlichen Gerichte nicht geahndet ward — bewahrt sich die Zeit entwickelter Religion und Bildung wenige Spuren jener alten Bemühungen, durch zauberhaften Zwang auf die Götter einzuwirken. Sonst verbirgt sich, was von Zauberwesen in Schwang blieb, in lichtscheuem Privatcult: es ist ein Ehrenmal griechischer Religion, dass sie von solchem Treiben sich fast völlig rein hält. Opfer und Gebet werden, der derb realistischen Auffassung, die älterer Zeit geläufig war, entkleidet, in zahlreichen Aeusserungen aus der Zeit reifer Bildung einzig als äussere Zeichen einer frommen Gesinnung, eines frommen, vertrauenden Sinnes gefasst, der von den Mächtigen, Gütigen „zu dem Guten das Schöne" erfleht, wie es in jenem spartanischen Gebete hiess.

Die Gottheit lässt sich nicht herniederzwingen. Dass der Mensch nicht zu ihr hinaufstrebe, auch mit seinen Wünschen zu dem Glanz göttlicher Lebensfülle nicht hinaufdränge, das ist die letzte, für griechischen Sinn am meisten bezeichnende Forderung der religiösen Moral, die sein Leben in Schranken hält. Tief eingeprägt ist griechischer Gesinnung die Erkenntniss, dass ein unbedingtes, unbeschränktes Glück, die volle Kühnheit des Wollens und Thuns, furchtlose Freiheit selbstbewusster Rede dem Menschen versagt, als ein Frevel verboten sei. Der Neid der Götter trifft mit hartem Schlage den, der solches Hinaufstrebens in das göttliche Vorrecht leidlosen Lebens, ungehemmten Wollens sich vermässe. Neid ist eine hässliche Regung eigennützigen Sinnes. Der Gottheit mochte solche eifersüchtige Missgunst eine älteste Zeit zutrauen, der die Mächtigsten nur als die strengsten Behüter ihrer Vorrechte denkbar waren. Aber das Bild einer neidisch alles Ueberragende in der Menschenwelt niederhaltenden, niederwerfenden Gottheit blieb griechischer Sinnesweise tief eingeprägt. Nicht allein Herodot redet häufig von dem Neid der Gottheit als einer bewegenden oder hemmenden Ursache der Menschengeschicke; durch alle Zeiten griechischer Litteratur, bei den frömmsten ihrer Vertreter, bei Pindar selbst und Aeschylus und Xenophon, und so herunter bis in die Zeit der Nachblüthe griechischen Schriftwesens, bis zu Dionys von Halikarnass und Plutarch, dem Götterfreund, fallen Aeusserungen ähnlicher Art, aus denen sich ersehn lässt, wie schwer man von dieser, aus dem Misstrauen gegen die Uebermächtigen geborenen Vorstellung sich gänzlich löste. Und doch hatte man längst hierzu den Weg beschritten. „Der Neid steht ausserhalb des göttlichen Reigens" sagt Plato. Das Wort sprach bereits weit verbreitete Empfindung aus. Die alte Auffassung verschwindet nicht gänzlich, aber sie nimmt eine Wendung ins Sittliche. Der Neid der Götter wird zur Nemesis der Götter, das ist zum gerechten Unwillen über das Uebersprringen der den Menschen gesetzten Schranken. Diese Schranken seines Geschicks und seiner erlaubten Wünsche und Bestrebungen empfindet der Mensch nun als Grenzmarken einer, von den Göttern geschützten sittlichen Ordnung, die in dem Kosmos, dem weise geordneten Ganzen, einem Jeden seine begrenzte Stelle angewiesen hat, zum Heile der Gesammtheit. Nicht Angst vor einer rachsüchtigen Uebermacht soll ihn bestimmen, in den ihm angewiesenen Grenzen zu bleiben, sondern freie Anerkennung einer Weltordnung, die Allem sein „Maass" setzte. Das Maass in allen Dingen zu beobachten, ist höchste sittliche Forderung; die Maasshaltung, Sophrosyne, die oberste Tugend, der Eusebeia, der frommen Götterverehrung, nächstverwandt, die ächtgriechische Tugend, von den Griechen selbst oft als solche bezeugt, wo sie eben hierein ihre eigenste Art im Gegensatz zu allen Barbaren setzen. Keine Verfehlung wird in Worten und in beispielsetzenden Geschichten so oft und ernstlich gestraft, als die Maasslosigkeit, die Hybris. Sie vor allem war die Gefahr des Griechen; darum wendet sich ihm Wunsch und Andacht so inbrünstig zu der rettenden Sophrosyne. Alles war in diesem Volke, in dem unbegrenzten Reichthum seiner Fähigkeiten, der stählernen Spannkraft seines Willens, angelegt auf einen freiesten Wettkampf der Kräfte, in dem, Einer den Andern überbietend und zurückdrängend, der Einzelne sich keck aus der Menge herausschwänge, ganz auf sich selbst gestellt der Gemeinschaft der Mitstrebenden Hohn spräche. Man weiss ja, wie in der That das ganze Leben der Griechen, das politische, das künstlerische, das Leben in körperlicher Kraftübung und Rüstigkeit, die Form und die Bedeutung des Wettkampfs hatte, wie der Individualismus und Subjectivismus in Griechenland, wie sonst nirgends wieder in der Welt, sich hervorbildete, und (in der Lehre der Cyniker) sich selbst eine philosophische Rechtfertigung gab. Der Tyrann, der ruchlose Alleinherrscher, eine echtgriechische Erscheinung auch er, ist schliesslich die giftige Blüthe dieses zur Hybris treibenden Hervordrängens des ganz persönlichen Willens.

Hier trat nun sittliche Empfindung sänftigend ein, die wilden Wogen der Kraft und der Begierde in ihr gewiesenes Bette bannend. Nirgends sind die Griechen uns ehrwürdiger, als wo sie, sich selbst zur Mahnung und Erziehung, dem Einzelnen in der Menschheit, der ganzen Menschheit in dem

All der Welt das Maass vor Augen halten, in dessen Schranken sie nach Geschick und Willenstrieben eingeschlossen sind und sich willig zu halten haben. Ein religiöses Gesetz ist es, dem sie sich fügen sollen; denn hier bestimmen sich die Grenzen der Menschheit gegen die höhere, göttliche Welt. Nur sie dort oben, die Götter, sollen in unbedingter Freiheit schalten, in glückseligem Frohleben, mühelos Gedanken und That verknüpfend. So singen die Dichter von ihnen. Und sie singen von der Mühe, dem kurzen Glück, dem ungewissen Erfolge alles Strebens der sterblichen Menschen. Dass aber in den engen Schranken, die seinem Können und Dürfen gesetzt sind, der vergängliche Mensch sich halte, in freier männlicher Ergebung, das ist oberste Forderung griechischer Frömmigkeit. Zwei Reiche giebt es; der Mensch soll nicht hinaufstreben in das höhere Reich göttlicher Lebensmacht. Er fülle den ganzen Kreis der Thätigkeit und der Lebenslust aus, den die Ordnung der Welt ihm angewiesen hat: ihm schenkte, „in unsres Lebens oft getrübten Tagen", der Gott die hohe Heiterkeit des thätigen Sinnes, er gönnte ihm unschätzbare Güter, „den Sonnenschein, die Tugend und das Schöne". Das wäre kein Grieche, der sie nicht freudig genösse. Aber die göttliche Freiheit, schwebend in unbedingtem Glücke, bleibt hoch und fern über menschlichen Häuptern. „Strebe Du nicht, Zeus zu werden"; dies Pindarische Wort ist frommer Weisheit letzter Schluss. —

Völlig das Gegentheil solcher Einschliessung des Menschen in das Menschliche, unabänderlich Bedingte, stellt sich dar in der Mystik. Mystik ist, recht verstanden, eine Religionsform, die innigste Vereinigung des Menschen mit der Gottheit zum Ziel hat, und zur Voraussetzung eine, in seinem innersten Sein begründete Wesenseinheit des Menschen mit Gott. „Du kannst nur erkennen, was du selber bist", sagt Meister Eckhart; so wirst du aber, da du Gott erkennst, selbst Gott sein. Der Mensch, der Gott erkennt, wird selber Gott; er war von jeher Gott; aber in seinem Menschendasein ist das Göttliche getrübt und entstellt; es gilt den Gott in seiner Reinheit wieder zu gewinnen. Dahin weist die Mystik den Weg.

So hoch strebende Gedanken müssen wohl dem Menschen aus dem

wahren Quell seiner eigensten Natur kommen; über die ganze Erde hin, auf jeder Stufe menschlicher Entwicklung, nach Kraft und Reinheit mannichfach abgestuft, treten mystische Ahnungen und Bestrebungen hervor. Kann griechischer Religion der mystische Zug ganz gefehlt haben? Mystik im eigentlichen Sinne ist nicht da, wo man sie anzutreffen zunächst erwarten sollte, in dem Mysteriencult zu Eleusis. Dies war ein eigenthümlich geordneter Cult einer geschlossenen Gemeinde, den Gottheiten der Erdtiefe gewidmet, diesen Gottheiten die Mitglieder der frommen Gemeinde zu ganz besonderer Huld empfehlend, im Leben und nach dem Leben auf Erden; eine Anstalt zu verbürgter Versicherung geistlich-irdischen Wohlergehens der Gemeindemitglieder. Aber auf innere Wesensgleichheit von Gott und Mensch, auf eine geheimnissvolle „Vergottung" des Menschen durch die Religion gingen hier die Gedanken nicht. Die ehernen Schranken, die im griechischen Volksglauben die zwei Reiche des Göttlichen und des Menschlichen streng von einander schieden, sollten auch hier nicht niedergeworfen werden.

Was dennoch an echter Mystik in Griechenland lebendig wurde, brach aus einer anderen Tiefe hervor. Der Quellpunkt aller griechischen Mystik liegt in der Dionysischen Religion. Nicht von Anfang war dies ein griechischer Cult. In den weiten Gebirgsländern südlich des Balkans schwärmten thrakische Stämme um den Gott, der den Griechen später Dionysos hiess, in nächtlichen Feiern; Weiber und Männer wirbelten beim Tosen der Musik in wildem Tanze herum, Phantasie und Empfindung zu höchster Spannung hinauftreibend, bis in höchster Erregung die menschliche Seele ihren engen Kerker gesprengt zu haben, in ein mächtigeres Leben aufgenommen zu sein schien; Ekstasis, Verzückung, ergriff die Verzauberten, sie traten ein in die Schauer göttlichen Alllebens; so emporgehoben hiess der Begeisterte selbst Bakchos, wie der Gott, dem er entgegenstrebte. Hier ward der Mensch zum Gott; was die Mystik in gedankenhafter Entwicklung lehrt und fordert, hier ward's Ereigniss, Erfahrung, wenn auch nur eines vorüberfliegenden Augenblickes.

Eine religiöse Lehre begleitete und erläuterte vorerst diese mystische Praktik nicht. Seit aber der Dionysische Cult nach Griechenland herniederbrauste und, nicht ohne Kämpfe, dort seine Herrschaft befestigen konnte, muss ekstatische Empfindung auch unter Griechen die mystischen Gefühle heftig erregt haben, die im Herzen wunderbar schliefen. Propheten standen auf, die, in begnadigten Momenten vom Leben der Gottheit die eigene Seele erfüllt, im Enthusiasmus wahrsagten. Bakiden, Sibyllen, die seltsame Gestalt des Epimenides, stellten Beispiele mystischer Erfahrung vor Augen; das deutlichste Beispiel der Einigung von Mensch und Gott bot in Delphi die Pythia, die wahrsagende Priesterin, die alles Verborgene in Vergangenheit und Zukunft schaute, wenn der Gott sie ergriff. Apollo selbst nahm, eben in Delphi, wo er der Nachbar schwärmerischen Dionysoscultus geworden war, diese Keime der Mystik in seinen Schutz.

Eine mystische Lehre bildete sich nach einigen anderen unentwickelten Ansätzen bestimmt erst aus in der Dogmatik der um den Dienst des Dionysos geschaarten, nach dem Namen des sagenhaften thrakischen Sängers benannten Sekte der Orphiker, die um die Mitte des sechsten Jahrhunderts in Athen, vielleicht früher schon in Unteritalien und Sicilien Boden gewann. Wir kennen die Ursprünge dieser Sektenbewegung nicht; die Gestalt eines machtvoll die Gemüther bewegenden Stifters, die an den Anfängen dieser, wie jeder über den Volksglauben der Zeit sich erhebenden Erlösungsreligion gestanden haben muss, will sich nicht mehr erkennen lassen. In lebhafter Gedankenbewegung hatte diese Sekte Lehrdichtungen, vielfältig nach Zahl und Art, hervorgebracht. Der für die Religion bedeutsamste Punkt solcher Lehrdichtung lag da, wo sie, in barocker Einkleidung, die einen Zusammenhang mit den Phantasien der vorangeschickten kosmogonischen Erdichtungen herstellen musste, die echt mystische Lehre von der Wesensgleichheit der menschlichen Seele mit dem Göttlichen entwickelte. Die gottentsprungene Seele ist um einer Schuld willen aus ihrem freien Götterdasein in die irdische Welt verbannt worden; der Leib, die Materie, als das Princip des Bösen, hält sie gefangen. Die hohe Aufgabe ist, die göttliche zu reinigen, den Gott sich selbst und seiner Freiheit zurückzugeben. Dies Ziel kann nur nach einer langen Wanderung der Seele durch viele Lebensläufe in irdischen Leibern erreicht werden; den Frommen allein wird es möglich werden, am letzten Ende dieser Verkettung von Geburt und Tod „aus dem Kreise zu scheiden und aufzuathmen vom Elend." Zu dieser Befreiung in's Göttliche verhilft, in Askese und ritueller Reinheitsbeflissenheit hingebracht, ein „orphisches Leben", wie es die Sektenlehre vorschreibt. Nicht eine gesteigerte Moral, wie man sich wohl gedacht hat. Moral ist der Mystik fremd; sie ist ihr, die in grundsätzlicher Abwendung vom irdischen Leben praktische Aufgaben der Lebensführung nicht kennt, überflüssig. Nicht ein moralisches Hinaufstreben zu Gottes Reinheit, ein substantielles Einswerden mit dem Göttlichen wird hier erstrebt; mit einem Schlage ist dann alles erreicht, die Seele in ein Reich jenseits von Gut und Böse emporgetragen.

Die orphische Erlösungslehre war von dichtem Schlinggewächs eines niedern Aberglaubens umwachsen, fast versteckt. Die Erlösung sollte vorwiegend durch ein verwickeltes Ceremonienwesen eingeleitet, die Befreiung der Seele zauberhaft gewonnen werden. Eine dumpfe beklommene Luft unfreien Sinnes weht uns entgegen aus den Ueberresten der mystischen Dichtung dieser, mit der Zeit immer mehr in niedere Kreise des Volkes herabgesunkenen Sekte.

Geadelt wird diese Mystik erst, wo sie ein Ferment philosophischer Betrachtung und Bestrebung wird. Was dem von Pythagoras in Unteritalien gestifteten und geleiteten Bunde sein höchstes Ziel wies, war nichts anderes, als eine Mystik, die der orphischen nächst verwandt gewesen sein muss. Durch orphische und pythagoreische Gedanken angeregt, bildet Empedokles von Akragas auf Sicilien eine völlige Erlösungsphilosophie aus. Vielen will er Vorbild und Führer auf der Bahn zum Heile werden; nach durchlaufener Reihe läuternder Wiedergeburten ist er selbst vorbereitet, zur Heimath, in's Götterreich, für immer zurückzukehren, „ein Gott, nicht ein Sterblicher mehr," wie er es in kühnen Worten verkündet.

In die höchste Sphäre erhebt mystische Weisheit sich in Plato's Lehre. Plato hat eine unverhohlene Neigung zu orphischer Dichtung und Spekulation; ohne das, was er und durch ihn veranlasst, seine spätgriechischen Ausleger von orphischer Poesie und Theologie uns mittheilen, wüssten wir so gut wie nichts von diesen merkwürdigen Seitentrieben griechischer Religion. Ihn zog zu orphischer Lehre innere Verwandtschaft des Sinnes. Der schroffe Dualismus der Weltbetrachtung Plato's, der ihn die Welt der wechselnden Erscheinungen von dem Reich der ewigen, wechsellos unvergänglichen, wahren Wesenheiten, den Ideen und Gott, völlig trennen liess, trieb den Philosophen fast nothwendig zu mystischer Anschauung, zumeist wo er von der Seele und ihrer Stellung im All sich Rechenschaft geben will. Gott und das Reich des Göttlichen steht ihm der Welt gegenüber als ein Anderes, als das Ziel, zu dem die Erscheinungen, die Abbilder des Seienden im Werdenden, sich hinaufsehnen, wie der Liebende zu dem Ziel seiner Liebe. Solche Transscendenz der Gottheit ist der Mystik nothwendige Voraussetzung. Ein der Welt immanentes Göttliches, wie es der Pantheismus denkt, kann niemals das Ziel mystischer Sehnsucht werden. Nur wo sie etwa dem All und Einen der göttlichen Lebendigkeit die Vielheit der Erscheinung als nichtigen Schein und Traumbild gegenüberstellt, kann eine pantheistische Lehre zu mystischer Erlösung, vom Schein zum doch wieder transscendent gedachten Seienden, geleiten wollen: so in der esoterischen Weisheit des indischen Vedânta (auch in manchen Formen des persischen Sufismus). Der unentstellte Pantheismus der Stoa und der Spinozistischen Lehre kennt keine Erlösung und keine Mystik: wohin könnte auch die Seele entfliehen aus dieser Welt, die alles reale Sein umschliesst und selbst die Entfaltung Gottes ist, des einzig Seienden? — Gott ist bei Plato nicht die Welt noch in die Welt der Erscheinungen eingegangen. Gott hat die Welt gebildet; aber es giebt eine Gegenkraft, die bei der Weltbildung Gottes schöpferische Freiheit hemmt, die Materie. So ist die Welt nicht ganz Gottes. Die Seelen nun, eine begrenzte, aber unermesslich ausgedehnte Vielheit geistiger Substanzen, aus dem Reiche des Göttlichen stammend, sind in diese niedere

Welt des Werdens verschlungen. Sie sind aber begabt mit einer Fähigkeit, die sie über diese Welt hinausweist. Sie haben das Vermögen der unmittelbaren, nicht an sinnliche Vermittelung gebundenen Erkenntniss der göttlichen Dinge, der Ideen und ihrer obersten Spitze, der Idee des Guten, welche Gott selbst ist. Diese höchste Erkenntnisskraft, der Nus, macht, nach Platos Lehre zur Zeit ihrer reifsten Entwicklung, das ganze Wesen der Seele aus. Aber ihre Kraft ist gehemmt, ihre Reinheit getrübt; sie ist überwachsen durch Begierde und Willensstreben, die aus der Leiblichkeit stammen, in die die Seele verschlossen ist. Von dieser Trübung rein zu werden ist höchste Aufgabe der Seele. Sie soll sich abscheiden von aller Verdunkelung, göttlicher Erkenntniss lebend. Schon hier im irdischen Leben soll sich ihre Freiheit begründen durch Uebung und Stählung ihrer eigensten Kraft, der Dialektik, der gedankenmässigen Erkenntniss der Ideen und alles Göttlichen. Dann aber soll die reingewordene Denkerseele aus allen Hemmnissen ausscheiden nach dem Tode, um für alle Zeit von der Noth des Lebens im irdischen Leibe frei zu sein. Auch Plato redet oft und eingehend von Wanderungen der Seele durch wechselnde Lebensgestalten auf Erden. Es ist kein Grund zu glauben, dass er das nicht ernstlich meine. Was er da erzählt, ist ja Mythologie. Aber die Seelen selbst sind ein mythologisches Element in seiner Philosophie, in seine Ideenlehre, genau betrachtet, nicht hineingehörig, nicht aus ihr abzuleiten. Dennoch hält er auf das ernstlichste an dieser Seelenlehre fest.

Auf immer dem irdischen Leben abzusterben: dazu ergeht an die Seele, die philosophische Seele, die höchste Mahnung. Welche Seele, nach den Läuterungen der Wiedergeburten zuletzt der irdischen Anwüchse völlig, durch Kraft ihres göttlichen Keimes, der Thätigkeit des reinen Denkens, ledig geworden sein wird, die wird die Welt wahrhaft überwunden haben; im reinen Glanze des Göttlichen lebt sie dann ewig weiter, selbst ein Göttliches.

Das ist platonische Mystik. Man weiss ja, wie sie weiter gewirkt hat, auf das spätere Griechenthum, in dem der Neoplatonismus als eine ausgebildete mystische Erlösungsreligion sich entfaltet; auch auf die Spekulation so gut des werdenden Christenthums, wie des mohammedanischen Orients.

Auf die nächste Gegenwart wirkte, was in Platos Lehre einen mystischen Zug hat, am wenigsten. Und so ist überall die Wirkung mystischer Religionsbewegung in Griechenland eine beschränkte geblieben. Es fehlte dieser Bewegung die Fähigkeit der Gemeindebildung. Was sich an orphischen Gemeinden hie und da gebildet haben mag, wurde sicherlich mehr durch die fremdartigen, superstitiösen Umrankungen als durch den reinen mystischen Stamm der Sektenlehre zusammengehalten. Mystik kann, ihrem Wesen nach, nicht wohl Religion einer Gemeinde werden. Ganz Er selbst soll der an die „Welt" verlorene Mensch wieder werden nach mystischer Lehre: „werde, was Du bist", dies pindarische (freilich gar nicht mystisch gemeinte) Wort könnte man dem mystisch Frommen wie eine höchste Anforderung seiner Religion zurufen. Aber wie er sich, dies Ziel zu erreichen, von der Welt und dem Leben in Staat und Gemeinde abwenden muss, so kann er nur als Einzelner, und nur für sich als Einzelnen, den Weg der Erlösung finden. „Seine eigene Sache zu treiben" heisst Plato seinen „Philosophen", sobald ihn pflichtmässige Beschäftigung mit dem bürgerlichen Leben loslässt.

Dazu ist die Fähigkeit, das von der Mystik gewiesene Heil sich zu erringen, überall nur wenigen Auserlesenen, als eine Gnadengabe ihrer Natur, geschenkt. Gott allein und unter den Menschen wenige Einzelne sind der reinen Erkenntniss fähig, sagt Plato. Wenig sind der wahren Bakchen unter der Schaar der Festgenossen: ein orphischer Vers bezeugt es.

Plato macht freilich den Versuch, in dem Phantasiebild seines „Staates", die Mystik einer Gemeindebildung einzupflanzen. Ueber den Ständen des bürgerlichen Gemeindewesens jenes Staates, nicht völlig von diesen abgeschlossen, erhebt sich der Ausschuss der „Philosophen", deren wesentliche Aufgabe die Erlösung ihres Geistes durch Dialektik und Erkenntniss des Göttlichen ist. Eine Laiengemeinde solchen Aufgaben zu gründen, gedachte auch Plato nicht. Wie könnte, wo — man muss sie so nennen — die religiöse Thätigkeit der höchsten Denkkraft auferlegt wird, Gott, göttliches Leben im Denken ergriffen werden soll, eine weite Gemeinschaft der Menschen zur Theilnahme berufen sein? Nur scheinbar hat der Buddhismus, auf dessen Heilswege einzig die Denkkraft zur Selbsterlösung von der Welt geführt werden sollte, auf diesem Princip eine Gemeindebildung erreichen können. Was diese ungeheuer ausgedehnten Gemeinden bildete, war nicht mehr der echte und reine Buddhismus. In Griechenland gar war im Volke der Boden jeder Art der Mystik wenig günstig. Sie selbst, die Anführer zur Mystik, entbehren hier der Einseitigkeit der Gedankenrichtung, der Farbenblindheit für den Glanz der gestalteten Welt, die erst den fortreissenden, zur unbedingten Weltflucht sich und die Jünger fortreissenden Mystiker macht. Beherrschung der Welt durch die Erkenntniss, nicht asketische Weltüberwindung, blieb zuletzt doch jedem Griechen, jedem griechischen Denker unausrottbares Streben seiner wahren Natur. Ein kleines Segment nur bildet, was mystische Erlösung von der Welt lehrt und fordert, in dem weiten und reichen Kreise der Gedanken Plato's, in dem auch alle Herrlichkeit und Grösse der Erscheinungswelt eine Stelle findet.

Mystik war ein fremder Blutstropfen im griechischen Blute. Sie hat auf keinem Punkte die alte Volksreligion zu überwinden, zu ersetzen vermocht. Die Volksreligion hielt sich in Kraft. Auch als ihre Stunde schon gekommen zu sein schien, als die Wissenschaft ohne Mythologie die Welt zu erklären übernahm, die Wissenschaft, deren Heimath Griechenland ist. Von der Wissenschaft hat die griechische Volksreligion so gut wie nichts aufgenommen. Nicht so, wie manche andere Religion oder Theologie, wollte die Religion der Griechen eine umfassende Welterläuterung geben: sie bedurfte der Wissenschaft nicht. Als ein Gemüthsverhältniss zu allem Göttlichen hielt sie sich ungeschwächt in Kraft und Wirkung, während der ersten Zeit hoffnungsvollen Wissenschaftstreibens, durch die Skepsis der dann folgenden sophistischen Bewegung, durch die hellenistische Zeit mit dem Indifferentismus ihrer „Gesellschaft", ihrer codifizirten Philosophenweisheit für die Gelehrten. Sie war nicht todt. Sie hat sogar noch einen erneuten Aufschwung erlebt in der, auf Neubelebung alterthümlicher Art gerichteten Zeit des ersten und zweiten Jahrhunderts unserer Zeitrechnung. Das war freilich eine Erneuerung mehr unter litterarisch Gebildeten, an altem Griechensinn künstlich sich Aufrichtenden. Von dem Volke und seiner Religionsempfindung hören wir, begreiflicherweise, wenig aus dieser Zeit. Allmählich aber muss dessen Religion in sich abgestorben sein. Sie konnte im Grunde die Polis, die griechische Bürgergemeinde, nicht überleben, deren Blüthe sie gewesen war, von der losgerissen sie ein wurzelloses Scheinding werden musste. Und die Polis starb; sie war schon todt. Dass auch die griechische Religion im Sterben lag, verräth mindestens seit dem dritten Jahrhundert die Angst und Unruhe, mit der wir das ausgehende Griechenthum nach Stützen in fremdländischer Religion und Aberglauben herumgreifen sehen. Noch einmal wurde, von Anhängern des Neoplatonismus, der seltsame Versuch gemacht, der Religion der altgriechischen Stadtgemeinde aufzuhelfen durch Einflössung der Säfte einer echt mystischen Erlösungsreligion. Solches Missverständniss konnte nicht dauern. Die alte Griechenreligion sank dahin; sie verlosch, ohne viel Kampf, wie ein müdes Licht, als ein neuer Tagesglanz mächtig von Osten heraufkam.

Chronik der Universität.

Bevor ich zu dem zweiten Haupttheile der heutigen Feier, der Verkündung der akademischen Preise, übergehe, habe ich dem Herkommen gemäss eine kurze Uebersicht über die wichtigsten Vorkommnisse des verflossenen Jahres zu geben. Die Zahl der immatrikulirten Studierenden betrug während des letzten Sommersemesters 1217 und mit Einschluss der Hörer reiferen Alters 1376. Abgangszeugnisse sind 548 genommen. Die Zahl der Immatrikulationen im gegenwärtigen Semester beläuft sich mit Einrechnung der zur Immatrikulation vorgemerkten Studierenden auf 361, so dass sich gegenwärtig eine Frequenz von 1030 Studierenden und einschliesslich der zum Hören von Vorlesungen berechtigten Personen reiferen Alters eine Gesammtfrequenz von 1233 ergibt — womit der Bestand vom vorigen Wintersemester (1123) um 110 überschritten und die höchste Frequenz erreicht ist, welche die Universität je in einem Winterhalbjahre erreicht hat.

In dem Bestande der akademischen Körperschaft sind mehrfache Veränderungen eingetreten. Durch den Tod haben wir verloren:

den emeritirten ordentlichen Professor Dr. Delffs, der durch eine lange Reihe von Jahren und mit bemerkenswerthem Erfolge an unserer Hochschule die Chemie lehrte, am 17. März 1894;

den Privatdozenten Dr. Freiherr von Reichlin-Meldegg, dem durch ein schweres Leiden schon früh Schaffenskraft und Lebensfreude geraubt wurde, am 23. Mai 1894;

den akademischen Musikdirektor Boch, dem das Musikleben in unserer Stadt so vieles zu verdanken hat, am 9. Juli 1894 und den Universitäts-Stallmeister a. D. Koch, der erst vor kurzem aus seiner lange Jahre hindurch eingenommenen Berufsstellung ausgeschieden war, am 3. November 1894.

Die Universität wird diesen von ihr geschiedenen Lehrern und Beamten ein dankbares und freundliches Andenken bewahren.

Behufs Eintritts in andere Wirkungskreise sind aus dem Verbande der Universität ausgeschieden:

der ausserordentliche Professor Dr. Andreae zur Uebernahme der Stelle eines Direktors am städtischen Römer-Museum in Hildesheim und

der Privatdozent Dr. Schewiakoff behufs Eintritts in den russischen Staatsdienst.

Professor Dr. Rudolf Brünnow wurde auf sein Ansuchen der etatmässigen Lehrstelle eines ordentlichen Professors der orientalischen Philologie mit Wirkung vom 15. Oktober 1893 ab enthoben, demselben aber gleichzeitig der Charakter eines Honorarprofessors verliehen.

Das verflossene Jahr hat uns aber auch manche neue Lehrkräfte zugeführt. Professor extraord. Lic. theol. Ernst Tröltsch in Bonn wurde zum ordentlichen Professor der systematischen Theologie und Dr. Karl Bezold am britischen Museum zu London zum ordentlichen Professor der orientalischen Philologie ernannt.

Dem ausserordentlichen Professor Dr. Thode wurde die etatmässige Amtsstelle eines ausserordentlichen Professors für neuere Kunstgeschichte und dem ausserordentlichen Professor Dr. Schick die etatmässige Amtsstelle eines ausserordentlichen Professors für englische Philologie übertragen.

Habilitirt haben sich: in der medizinischen Fakultät: Dr. Oskar Vulpius von Heidelberg (für Chirurgie), Dr. Bernhard v. Beck von Freibug i. B. (für Chirurgie); in der philosophischen Fakultät: Dr. Carl Neumann von Mannheim (für Geschichte und Kunstgeschichte), Dr. jur. et phil. Karl Kindermann von Magdeburg (für Nationalökonomie), Dr. Richard Graf Du Moulin Eckart von Bestholdsheim in Bayern (für Geschichte); in der naturwissenschaftlich-mathematischen Fakultät: Dr. Gustav Adolf Sauer von Weissenfels (für Geologie und Bodenkunde), Dr. August Schuberg von Karlsruhe (für Zoologie) und Dr. Bela Haller von Székely-Keresztúr in Siebenbürgen (für Zoologie und vergleichende Anatomie).

Der wirkliche Geheimerath Professor Dr. Kuno Fischer wurde neben seiner bisherigen Lehraufgabe mit der Vertretung der Geschichte der neueren deutschen Litteratur betraut.

Gleichzeitig wurde dem ausserordentlichen Professor Dr. Freiherr v. Waldberg ein Lehrauftrag für neuere deutsche Litteratur ertheilt.

Der ausserordentliche Professor Dr. Leser erhielt einen Lehrauftrag für Suppletur in den nationalökonomischen und finanzwissenschaftlichen Disciplinen.

Dem Professor Rupert Rohrhurst am Gymnasium wurde vom Beginn des Sommersemesters 1894 an die Stelle eines Hauptlehrers am evangelisch-protestantisch-theologischen Seminar übertragen.

Der akademische Musikdirektor, ausserordentl. Professor Dr. Philipp Wolfrum erhielt die etatmässige Amtsstelle eines Universitätsmusikdirektors.

Auszeichnungen durch Verleihung von Titeln wurden zu Theil:

den Geheimen Hofräthen Dr. Rohde und Dr. Quincke, die zu Geheimeräthen II. Klasse, den Hofräthen Dr. Kehrer, Dr. Pfitzer und Oberbibliothekar Dr. Zangemeister, die zu Geheimen Hofräthen, dem ordentlichen Professor Dr. Lemme, der zum Kirchenrath, dem Honorarprofessor Dr. Cantor, der zum Hofrath, dem ausserordentlichen Professor Dr. Lossen, der zum Honorarprofessor und dem Privatdocenten Dr. Aowers, der zum ausserordentlichen Professor ernannt wurden.

Dem ständigen Hilfsarbeiter an der Universitäts-Bibliothek, Dr. Lorentzen, wurde der Titel eines „Kustos der Universitäts-Bibliothek" verliehen.

Der akademische Disciplinarbeamte Amtmann Jolly wurde zum Oberamtmann ernannt.

Dr. Sillib wurde als Hilfsarbeiter in der Bibliothek eingestellt.

Kassendiener Lehn wurde zum Hausmeister ernannt.

Grossherzogliche Orden und Ehrenzeichen sind verliehen worden und zwar vom Orden des Zähringer Löwen:

dem Geheimerath I. Klasse Dr. Fischer die goldene Kette zum innehabenden Grosskreuz,

dem Geheimerath Dr. Czerny das Kommandeurkreuz I. Klasse,

dem Geheimen Bergrath Dr. Rosenbusch das Kommandeurkreuz II. Klasse,

dem Kirchenrath Dr. Holsten das Ritterkreuz I. Klasse mit Eichenlaub,

dem Geheimen Hofrath Dr. Georg Meyer das Ritterkreuz I. Klasse und dem Oberpedellen Wittmann die kleine goldene Verdienstmedaille.

Von sonstigen ehrenden Auszeichnungen sind zu erwähnen:

Geheimerath Dr. Fischer, Excellenz, wurde zum Ehrenbürger der Stadt Heidelberg ernannt.

Der Geheime Hofrath Dr. Erdmannsdörffer wurde von der Königl. Schwedischen Gesellschaft der Wissenschaften zu Upsala zum ordentlichen Mitglied ernannt; ferner wurde demselben für sein Werk: „Deutsche Geschichte vom westfälischen Frieden bis zum Regierungsantritt Friedrichs des Grossen" von Seiner Majestät dem Kaiser Wilhelm II. der Verdunpreis verliehen.

Geheimerath Dr. Quincke wurde von Seiner Majestät dem deutschen Kaiser zum Mitglied des Kuratoriums der physikalisch-technischen Reichsanstalt für die Zeit bis zum Ablauf des Jahres 1897 berufen und von der Universität Oxford zum Doctor juris civilis honoris causa ernannt.

Geheimerath Dr. V. Meyer wurde von der Universität Königsberg zum Doctor medicinae honoris causa ernannt.

Geheimerath Dr. Czerny wurde von der Société de chirurgie in Paris zum correspondirenden Mitglied und von der Berliner Gesellschaft für Geburtshilfe und Gynäkologie zum Ehrenmitglied ernannt.

Professor Dr. Jurasz wurde zum correspondirenden Mitglied der französischen Gesellschaft für Otologie, Laryngologie und Rhinologie und des Vereins der Freunde der Wissenschaften in Posen ernannt.

Die Ehrengabe aus der Jubiläumsstiftung für 1894 wurde dem ordentlichen Professor Dr. Neumann zuerkannt.

Am 15. Juli 1894 wurde der Neubau der chirurgischen Klinik, welcher den grossen Operationssaal enthält und für die klinischen Vorlesungen und die Ambulanz bestimmt ist, feierlich eröffnet.

Der Neubau des zoologischen Instituts wurde fertig gestellt und mit Beginn des Wintersemesters in Gebrauch genommen.

Das juristische sowie das germanisch-romanische Seminar haben im bisherigen östlichen Gymnasiumsgebäude Unterkunft gefunden; ebenso haben das physikalische, das mineralogisch-geologische und das pharmakologische Institut durch Uebersiedelung des zoologischen Instituts in den für dasselbe errichteten Neubau und Verlegung der Hausmeisterswohnung vom Friedrichsbau eine sehr erfreuliche Erweiterung ihrer Arbeitsräume erfahren.

Dagegen herrscht im Bibliotheksgebäude die grösste Raumnoth. Diese hat dazu genöthigt, grosse Abtheilungen der Bibliothek in das östliche der bisherigen Gymnasiumsgebäude und in den Hexenthurm zu verlegen und dann innerhalb des Bibliotheksgebäudes selbst die Bücher in allen Stockwerken umzuräumen.

Die werthvollen Bücherschätze sind nun in fünf verschiedenen Gebäuden untergebracht, wodurch die Benützung sehr erschwert wird. Da auch diese Räume nur für kurze Zeit hinreichend sein werden, wird Hilfe einzig in einem dem Werthe und der Würde unserer Palatina entsprechenden Bibliotheks-Neubau zu finden sein, auf den sich die dringenden Wünsche der Universität richten.

Die Jubiläumsstiftung der chirurgischen Klinik, welche durch hohen Ministerialbeschluss den Namen des gegenwärtigen Direktors der Anstalt erhielt, konnte ihrem wohlthätigen Zwecke für Kranke und Bedienstete eröffnet werden.

Auch im abgelaufenen Jahre ist die Universität mit zahlreichen und werthvollen Geschenken bedacht worden.

Ein Verzeichniss der Souveräne, Regierungen, Behörden, Gesellschaften und Privatpersonen, welche der Universitätsbibliothek Geschenke überwiesen haben, wird später bekannt gemacht werden (Beilage I).

Als ein besonders werthvolles Geschenk an die Bibliothek verdient erwähnt zu werden das des Kaiserlich Russischen wirklichen Staatsraths A. v. Swenigorodskoï, nämlich das von ihm veröffentlichte und weiland Seiner Majestät dem Kaiser von Russland, Alexander III., gewidmete Werk: „Geschichte und Denkmäler des byzantinischen Emails". Diese prachtvoll ausgestattete und von Professor Kondakow verfasste Publikation besitzt hervorragenden wissenschaftlichen Werth und ist nicht käuflich.

Dr. Karl von Stösser, erster Senatspräsident beim Grossh. Oberlandesgericht zu Karlsruhe hat der juristischen Fakultät und der Universitätsbibliothek einen sehr grossen und werthvollen Theil seiner umfangreichen juristischen Bibliothek schenkweise überlassen.

Der chirurgischen Klinik wurden folgende Geschenke zugewiesen:

Eine werthvolle Sammlung von Concrementen und die Büste des Geheimerath M. J. von Chelius durch Hofrath Franz von Chelius; 650 Mark zur unentgeltlichen Behandlung an Diphtherie erkrankter Kinder mit Heilserum.

Der Bibliothek des staatswissenschaftlichen Seminars sind als Geschenke übersendet worden:

Ein Exemplar der Broschüre: "Die Fortschritte des deutschen Sparkassenwesens seit dem Jahre 1880" von Dr. Felix Hecht, Mannheim 1894 von Seiten der Rheinischen Hypothekenbank;

"Die statistischen Zusammenstellungen über Blei, Kupfer, Zink und Zinn in den Jahren 1889-1893" von der Metallgesellschaft in Frankfurt a. M.

Dem chemischen Institut sind folgende Geschenke zu Theil geworden:

Die Farbenfabriken, vormals Friedrich Bayer & Cie., Elberfeld, sandten fortlaufend die neuesten Produkte ihrer Farbstoffindustrie;

die Farbwerke, vormals Meister, Lucius & Brüning in Höchst a. M. übersandten auch in diesem Jahre wiederum eine Anzahl chemischer Präparate für Unterrichtszwecke und stellten dem Laboratorium eine grössere Menge von Jodosobenzol zur Verfügung;

die Badische Anilin- und Sodafabrik in Ludwigshafen a. Rh. beschenkte das Laboratorium durch Ueberlassung grösserer technischer Präparate;

die chemische Fabrik Griesheim sandte dem chemischen Institute für Untersuchungszwecke werthvolle aromatische Säuren und Nitrokörper;

Privatdozent Dr. Erdmann in Halle a. S. schenkte der Sammlung des Instituts kostbare, chemisch-reine Präparate von Jodcaesium und Jodrubidium;

die chemische Fabrik, Dr. F. von Heyden Nachfolger, Radebeul bei Dresden, sandte grössere Mengen von Thimotinsäure;

die französische Erdwachsgesellschaft in Boryslaw in Galizien sandte für die Sammlung des Instituts Rohprodukte und technische Produkte der Erdwachsindustrie;

Hofphotograph Schulze hier schenkte dem Institut ein photographisches Porträt Seiner Excellenz des Geheimerath Dr. Bunsen.

Dem archäologischen Institut gingen Geschenke zu von Seiten des Grossherzoglichen Ministeriums der Justiz, des Kultus und Unterrichts, von der Direktion der Grossherzoglichen Sammlungen für Alterthums- und Völkerkunde in Karlsruhe, vom Mannheimer Alterthumsverein, sowie von Bibliothekar Professor Dr. Wille. Allen diesen hochherzigen Gebern sei auch an dieser Stelle der innigste Dank ausgesprochen.

Preis-Vertheilung.

Ich gehe nun zu dem letzten Akte unserer heutigen Feier über, indem ich die Urtheile der Fakultäten über die eingelaufenen Preisschriften und die für das nächste Jahr gestellten Preisfragen verkünde.

Für die von der theologischen Fakultät gestellte Preisaufgabe ist kein Bewerber aufgetreten.

Das von der juristischen Fakultät aufgestellte Thema war:

„Ist es ein Erforderniss einer rechtlich bindenden Obligation, dass die den Inhalt derselben bildende Leistung einen Vermögenswerth habe?"

Es ist eine Arbeit über dasselbe eingegangen mit dem Motto:

„Sapere aude".

Das Urtheil der juristischen Fakultät lautet:

„Der Verfasser der eingegangenen Preisbewerbungsschrift hat sich in die gestellte Aufgabe ganz gut hineingedacht: er hat das Quellenmaterial, welches in der Litteratur bei der Erörterung der Frage herangezogen zu werden pflegt, im Ganzen nicht unverständig besprochen und sich auch mit der Litteratur über dieselbe ausreichend bekannt gemacht. Neues Material aus den Quellen für die Beurtheilung der Frage heranzuziehen, hat er nicht versucht, auch hat er dieselbe nicht etwa von einer neuen Seite beleuchtet; er hat überhaupt sein Thema nicht so eingehend und gründlich behandelt, wie es für eine zum Druck bestimmte Arbeit zu wünschen wäre, und zeigt hier und da noch Unreife des Urtheils. Mit Rücksicht auf den vom Verfasser bewiesenen Fleiss und redlichen Eifer hat die Fakultät dennoch beschlossen, ihm den Preis zu ertheilen, muss aber von einer Drucklegung der Arbeit abrathen."

Nach Eröffnung des Umschlags mit dem angegebenen Motto zeigt sich als Verfasser der Preisschrift:

Georg Baum, stud. jur., aus Dresden.

Die medizinische Fakultät hatte die Frage gestellt:
„Es wird eine experimentelle Untersuchung über das Schicksal des Coffeïn und Theobromin im thierischen Organismus gewünscht."
Die Fakultät hat über die bei ihr eingegangene Arbeit mit dem Motto:
„Ich bin kein ausgeklügelt' Buch" (C. F. Meyer)
folgendes Urtheil gefällt:
„Die Arbeit mit dem Motto „Ich bin kein ausgeklügelt Buch" stellt eine gründliche experimentelle Studie über die von der Fakultät gestellte Preisfrage dar. Verfasser hat seine Aufgabe klar erfasst und mit sehr anerkennenswerthem Fleisse zu lösen gesucht. Es muss besonders rühmend hervorgehoben werden, dass Verfasser keine Mühe gescheut hat, um zuerst genaue quantitative Bestimmungsmethoden des Coffeïn und Theobromin in thierischen Flüssigkeiten aufzufinden. Nachdem ihm dies in befriedigender Weise gelungen, verfolgt er das Schicksal genannter Substanzen im Thierkörper in der Weise, dass er feststellt, wieviel von denselben nach Einführung in den Organismus den letzteren wieder unverändert verlässt. Hierbei kommt er zu dem bemerkenswerthen Resultat, dass Fleischfresser, als deren Vertreter Hund und Katze benutzt wurden, sich anders als Pflanzenfresser dem Coffeïn gegenüber verhalten. Während von ersteren das Coffeïn fast ganz zerstört wird, verlässt es beim Kaninchen bis zu 30% in den Ausscheidungsflüssigkeiten unverändert den Organismus.

Für Theobromin ergab die in gleicher Weise ausgeführte Untersuchung eine viel grössere Widerstandsfähigkeit im Organismus; es wird bei Fleisch- und Pflanzenfressern bis zu 40% unverändert ausgeschieden.

Die Fakultät erkennt die tüchtige Leistung des Verfassers voll an und ertheilt derselben gern den wohlverdienten Preis."

Dem Verfasser wird ausserdem das Zinserträgniss der Otto Weber-Stiftung für das Jahr 1894 mit 300 Mark zugesprochen.

Nach Oeffnung des Umschlags ergibt sich als Verfasser:

Eugen Rost, cand. med., aus Schellenberg.

Von den zwei Preisfragen, welche die philosophische Fakultät gestellt hatte, ist nur eine, die aus der romanischen Philologie, bearbeitet worden; sie lautete:
„Geschichte des lateinischen Suffixes -- arius in den romanischen Sprachen."
Zur Beantwortung derselben ist eine Abhandlung eingereicht worden mit dem Motto:
„Quod non es, non esse velis."
Das Urtheil der Fakultät lautet:
„Die mit dem Motto „Quod non es, non esse velis" versehene Preisarbeit über die Geschichte des Suffixes -- arius in den romanischen Sprachen muss als

eine tüchtige Arbeit bezeichnet werden. Die Geschichte des Suffixes -- arius im Romanischen umfasst eine Reihe schwieriger und complicirter Fragen, deren Lösung von den verschiedensten Seiten versucht wurde, aber noch nicht gelungen ist. Der Verfasser gibt im ersten Theile seiner Arbeit einen Ueberblick über die bisher vorgetragenen Ansichten und eine Kritik derselben und zeigt dabei gute Kenntnisse, gründliches Studium und tüchtige Methode; er weiss das Für und Wider betreffs der einzelnen Erklärungsversuche trefflich abzuwägen. Selbstständiges Denken zeichnet die weiteren eigenen Ausführungen des Verfassers über das Thema aus; zu selbstständigen eigenen Anschauungen sucht der Verfasser sich überall kräftig durchzuarbeiten. Ist es ihm auch nicht gelungen, die zahlreichen und zum Theil schwierigen Fragen, die sich aus dem Thema ergeben, in jeder Hinsicht und unanfechtbar zu beantworten, so bringen uns doch seine umsichtigen, kritischen, an vielen Stellen neue Aussichten eröffnenden Erörterungen dem Ziel einer endgiltigen Lösung der Fragen um ein bedeutendes Stück näher. Die Arbeit darf daher als des Preises würdig erklärt werden."

Nach Eröffnung des verschlossenen Umschlages ergibt sich der Name:
Emil Rudolf Zimmermann, stud. phil., aus Mannheim.

Die von der naturwissenschaftlich-mathematischen Fakultät gestellte Preisaufgabe:

„Es wird eine genauere Untersuchung der Theilungsvorgänge, insbesondere der des Kernes, bei einem Vertreter der Gruppe der Mastigophoren gewünscht"

hat eine Bearbeitung gefunden mit dem Motto:
„Rerum cognoscere causas".

Das Urtheil der Fakultät lautet:

„Die unter dem Motto „Rerum cognoscere causas" eingereichte Arbeit hat die von der Fakultät gestellte Preisfrage durch eingehende Untersuchung des Theilungsvorganges einer Dinoflagellate, des sog. Ceratium hirundinella, zu lösen gesucht. Verfasser hat die in erster Linie verlangte Untersuchung der Kerntheilungsvorgänge recht genau durchgeführt und ist dabei zu dem gegenüber früheren Angaben wichtigen Resultat gelangt, dass der Kern sich nicht nach dem normalen Schema der Mitose, sondern auf einfachere Weise theilt, welche dem Theilungsvorgang des sog. Macronucleus der Infusorien ähnlich ist. — Obgleich die Möglichkeit nicht ausgeschlossen erscheint, dass bei wiederholter Untersuchung des Vorganges die bis jetzt festgestellten Ergebnisse noch eine Erweiterung erfahren könnten, so bezeichnen die Untersuchungen des Verfassers doch einen namhaften Fortschritt unserer Kenntnisse auf diesem Gebiete. Der Verfasser hat weiterhin auch den Theilungsvorgang des protoplasmatischen Leibs des Ceratium und seiner so eigenthümlich gebauten Cellulosehülle eingehend studirt und die darüber vorliegenden Angaben theils bestätigt, theils in erwünschter Weise vervollständigt. Da Verfasser demnach die gestellte Preisfrage in befriedigender und lobenswerther Weise gelöst hat, so hält die Fakultät ihn des Preises für würdig."

Nach Eröffnung des Umschlages mit dem angegebenen Motto ergibt sich als Verfasser:

Robert Lauterborn, stud. rer. nat., aus Ludwigshafen a. Rh.

Als Preisfragen für das folgende Jahr werden aufgestellt:

Von der theolgischen Fakultät:

„Es soll der Zusammenhang dargestellt werden zwischen der religiösen Ethik des Paulus und seiner Methaphysik."

Von der juristischen Fakultät:

„Ist im heutigen Strafprozess die Staatsanwaltschaft Partei?"

Von der medicinischen Fakultät:

„Es sollen neue Versuche darüber gemacht werden, durch welche Combinationen von Desinfektionsmitteln eine Verstärkung ihrer Wirkung erzielt werden kann."

Von der philosophischen Fakultät:

I. Aus der Philosophie:

„Es soll die Lehre vom Bösen in Leibnizens Theodicee mit der Lehre vom Bösen (Satanologie) in Schellings Philosophie der Offenbarung verglichen werden in Ansehung sowohl der Differenz als auch der Uebereinstimmung."

II. Aus der Geschichte:

„Untersuchung der unter dem Namen des Petrus de Vinea überlieferten Briefsammlung, in dem Sinne, dass der Versuch gemacht werde, den möglicher Weise von Petrus selbst herrührenden Grundstock derselben und die späteren Zuthaten zu scheiden und die Ursprungszeit ihrer einzelnen Theile zu bestimmen."

III. Aus der indogermanischen Sprachwissenschaft:

„Die lateinische Vokalschwächung der nicht ersten Wortsilben, mit Ausschluss der Endsilben, ist auf Grund einer umsichtig und nach historisch-chronologischen Gesichtspunkten angelegten Sammlung des Materials der einschlägigen Erscheinungen genauer zu untersuchen. Es ist, ausser einer Berücksichtigung der altitalischen Dialekte, auf die aus den romanischen Sprachen sich ergebenden Rückschlüsse zu achten."

Von der naturwissenschaftlich-mathematischen Fakultät:

„Es wird eine ausführliche und methodisch durchgeführte Zusammenstellung der auf die Entscheidung der Irreduktibilität algebraischer Gleichungen und Funktionen bezüglichen Untersuchungen verlangt, welche durch selbstständig gewählte Beispiele erläutert werden; es soll aber auch weiter versucht werden, neue Kriterien aufzustellen oder die bisher benutzten Methoden auf die Untersuchung der Irreduktibilität gewöhnlicher und partieller Differentialgleichungen auszudehnen."

Commilitonen!

Eine Reihe schöner wissenschaftlicher Aufgaben harrt hier ihrer Lösung; ich hoffe, dass Sie sich mit jugendlichem Eifer und mit dem ganzen Ernst, den die Erreichung eines hohen Zieles fordert, derselben widmen und dass recht viele von Ihnen im nächsten Jahr den wohlverdienten Lohn solcher Arbeit davontragen und mit dem Preise gekrönt werden. Nur durch Arbeit und Uebung entwickeln sich die Kräfte!

Hochverehrte Anwesende!

Mit hoher Befriedigung können wir auch aus dem diesjährigen Berichte über den Stand und die Leistungen unserer Hochschule erkennen, dass das Werk, das Karl Friedrich begonnen, in segenbringender Weiterentwicklung fortschreitet.

Es würde das nicht der Fall sein, wenn nicht die Söhne und Enkel des Neubegründers unserer Hochschule dieser ihre nimmerermüdende Fürsorge und verständnissvolle Theilnahme in derselben hochherzigen Weise widmeten, wie ihr glorreicher Ahnherr. Das empfinden wir in jedem neuen Jahre an der Fülle des Wohlwollens und an der weisen und umfassenden Förderung, welche für unsere Hochschule von ihrem gegenwärtigen Rector magnificentissimus, unserem allergnädigsten Grossherzog Friedrich ausgehen. Und so lassen Sie mich mit einem Worte des tiefgefühltesten Dankes an unsern durchlauchtigsten Landesherrn schliessen!

Gott schütze den Grossherzog und segne Ihn und Sein ganzes Haus!

Beilage I.

Verzeichnis

der

Souveräne, Regierungen, Behörden, Gesellschaften und Privatpersonen, welche der Grossherzoglichen Universitätsbibliothek in der Zeit vom 1. November 1893 bis 31. Oktober 1894 Geschenke überwiesen haben.

Karlsruhe.
Die Generalintendanz der Grossh. Civilliste.
Das Ministerium d. Grossh. Hauses und der auswärtigen Angelegenheiten.
Das Grossh. Ministerium d. Justiz, des Kultus und Unterrichts.
Das Grossh. Ministerium d. Innern.
Das Archivariat der II. Kammer.
Der Grossh. Oberschulrat.
Das Direktorium d. Grossh. Techn. Hochschule.
Die Bad. historische Kommission.
Die Kaiserl. Oberpostdirektion.
Die Generaldirektion der Grossh. Staatseisenbahnen.
Die Grossh. Zolldirektion.
Die Grossh. Steuerdirektion.
Das Centralbureau f. Meteorologie und Hydrographie.
Die Grossh. Landesgewerbehalle.
Die Handelskammer für den Kreis Karlsruhe.
Herr Prof. Dr. Marc Rosenberg.
Herr Dr. jur. Karl von Stösser, I. Senatspräsident am Gr. Oberlandesgericht.
Herr Dr. Ludwig Wilser.

Heidelberg.
Das akademische Direktorium.
Die theologische Fakultät.
Die Gr. Universitäts-Augenklinik.
Die Grossh. Geol. Landesanstalt.
Der Stadtrat.
Die Direktion d. Gr. Gymnasiums.
Der Verein alter Burschenschafter.
Frau Prof. Dr. Barazetti.
Herr Prof. Dr. Buhl.
Herr Hofrat Prof. Dr. Cantor.
Herr Karl Christ.

Herr F. Duffing.
Herr Prof. Dr. von Duhn.
Herr Privatdocent Dr. Bela Haller.
Herr Dr. A. S. Hershey.
Herr Prof. Dr. Hilgard.
Herr Bibliothekar Dr. Hintzelmann.
Herr Universitätsbuchbindermstr. Hohmeister.
Herr Prof. Dr. Holzherr.
Herr stud. Richard Jones.
Herr Buchhändler G. Köster.
Herr Kammerdirektor O. Kraus.
Herr Geh. Rat Prof. Dr. Leber.
Herr Dr. Lobstein.
Herr Kustos Dr. Lorentzen.
Herr Max May.
Herr Geh. Hofrat Prof. Dr. Merx.
Herr Kollegienrat Professor Dr. Fr. Meyer.
Herr Geh. Hofrat Prof. Dr. Georg Meyer.
Herr Prof. Dr. F. Neumann.
Herr Buchhändler Otto Petters.
Herr stud. Rosenfeld.
S. Exc. Herr Generallieutenant von Sarwey.
Herr Dr. Hermann Scheffler.
Frau Dr. Schmitz.
Herr Geh. Hofrat Professor Dr. Schröder.
Herr Dr. Sillib.
Herr Dr. Gustav Walz.
Herr Bürgermeister Dr. Walz.
Herr Dr. Wassmannsdorff.
Herr Bibliothekar Prof. Dr. Wille.
Herr Geh. Hofrat Professor Dr. Winkelmann.
Herr Prof. Dr. Wolfrum.
Herr Oberbibliothekar Geh. Hofrat Prof. Dr. Zangemeister.

Baden-Baden.
Herr Hofbuchdr. Ernst Köllbln.

Eberbach.
Herr Oberamtmann II. Schröder.

Freiburg i. B.
Der Badische Forstverein.
Die akadem. Verlagsbuchhandlung v. J. C. B. Mohr (Paul Siebeck).
Herr Prof. Dr. L. Neumann.

Konstanz.
Die Städt. Wessenberg-Bibliothek.
Herr Jos. B. Jack.

Mannheim.
Die Handelskammer für den Kreis Mannheim.
Der Verein f. d. öffentl. Bibliothek.
Herr Hofrat Dr. Fel. Hecht.
Herr Direktor M. Walleser.
Herr Lieutenant Westermann.

Offenburg.
Herr Prof. Dr. Schaible.

Pforzheim.
Herr Moritz Müller sen.

Schwetzingen.
Herr Buchhändler O. Schwarz.

Aachen.
Die Kgl. Technische Hochschule.

Berlin.
Das Bureau des deutschen Reichstags.
Das Kaiserl. Statistische Amt.
Das Kgl. Pr. Ministerium f. Landwirtschaft, Domänen u. Forsten.

Das Bureau des Hauses der Abgeordneten.
Die Direktion der Königl. militärärztlichen Bildungsanstalten.
Die Kgl. Geologische Landesanstalt und Bergakademie.
Die Kgl. Bibliothek.
Die Kgl. Universitäts-Bibliothek.
Die Kgl. Niederländ. Gesandtschaft.
Die Schriftleitung der Burschenschaftlichen Blätter.
Die Verlagsbuchhandlung von R. Friedländer & Sohn.
Herr Dr. Edmund Friedemann.
Herr Prof. Dr. L. Geiger.
Herr Rechtsanwalt A. V. Schoeller.
Herr Geh. Regierungsrat Prof. Dr. Wattenbach.

Breslau.
Der Magistrat.
Herr Aurel Anderssohn.
Herr Dr. Fr. Bauer.

Charlottenburg.
Herr Dr. Hermann Stolp.

Darmstadt.
Herr Privatdocent Th. Beck.
Herr Pastor a. D. Ad. Petersen.

Dresden.
Das Kgl. Sächsische Ministerium.

Frankenthal.
Herr Gymnasiallehrer Hildebrandt.

Frankfurt a. M.
Die Stadtbibliothek.
Die Freiherr von Rotschild'sche öffentl. Bibliothek.
Die Metallgesellschaft.

Görlitz.
Die Handelslehranstalt des Kaufmännischen Vereins.

Göttingen.
Herr Dr. O. Dähnhardt.

Hamburg.
Das handelsstatistische Bureau.

Jena.
Herr Dr. Hermann Türck

Kassel.
Die Ständische Landesbibliothek.
Herr Prof. Ad. Stoll.

Köln.
Die Stadtbibliothek.

Kreuznach.
Herr Prof. Dr. O. Kohl.

Leipzig.
Herr Buchhändler W. Engelmann.
Die Buchhandlung v. Gust. Fock
Herr Verlagsbuchhdl. Gg. Thieme.
Die Buchhandlg. v. A. Twietmeyer.

Liegnitz.
Die Handelskammer.

Mainz.
Herr Oberbibliothekar Dr. W. Velke.

Meiningen.
Herr Prof. K. Eichhorn.

München.
Herr Dr. Bachmair.
Herr Dr. Ernst Henschke.
Der Vorstand d. deutschen Mathematiker-Vereinigung.

Münster.
Die Handelskammer.
Der Vorstand d. Verbandes öffentl. Feuerversicherungs-Anstalten.

Nürnberg.
Die 65. Versammlung der Gesellschaft Deutscher Naturforscher und Aerzte.

Oldenburg.
Herr Rudolf Schwartz.

Potsdam.
Das Centralbureau der internationalen Erdmessung.

Rüsselheim bei Frankfurt a. M.
Frau Hessemer.

Speyer.
Herr Prof. Dr. Harster.

Strassburg i. E.
Das Kaiserl. Ministerium f. Elsass-Lothringen.
Das Statistische Bureau d. Kaiserlichen Ministeriums für Elsass-Lothringen.
Herr E. d'Oleire, Buchhändler.

Stuttgart.
Frau Reg.-Präsident von Klumpp.

Torgau.
Der Altertums-Verein.

Viersen.
Herr Assessor Dr. Johnen.

Wernigerode.
Das Bureau des Vereins deutscher Standesherren.

Wiesbaden.
Der Vorstand des allgem. deutschen Bäderverbandes.

Brünn.
Herr K. Zeller.

Časlav.
Herr Kliment Čermak, K. K. Konservator.

Graz.
Die Steier. Landesbibliothek am Johanneum.

Hermannstadt.
Das Landeskonsistorium der evang. Landeskirche in Siebenbürgen.

Saaz (Böhmen).
Herr Dr. E. Glaser.

Wien.
Die K. K. geolog. Reichsanstalt.
Herr Dr. Julius Bergbohm.
Die Gesellschaft deutscher Naturforscher und Aerzte.

Bern.
Die Stadtbibliothek.

Chur.
Herr Major Cavlezel.

Freiburg (Schweiz).
Die Universität.

Solothurn.
Die Schweiz. geolog. Kommission.

Kopenhagen.
Die Universität.

Stockholm.
Das Kgl. Schwed. geolog. Institut.
Herr Fred. N. Sander.

Upsala.
Die Universitäts-Bibliothek.

Christiania.
Das Editorial-Comitter of the Norwegian North-Atlantic Expedition.

Nijmegen.
Die Nederl. Botan. Vereeniging.

Luxemburg.
Herr Bibliothekar Prof. Nic. Muller.

Cambridge (England).
Die Syndics of the Cambridge Univ. Library.

Dublin.
Die Irish Unionist Alliance.

London.
Das British Museum.
Die British Association for the Advancement of Science.
Die Pathol. Society of London.
Lady Harriet Bowman.

Paris.
Herr Prof. Alexis Julien.
Herr Graf Jean Kapnist.
Herr A. Legrelle.
Herr Duc de Loubat.

Chieti.
Herr Gius. Ricotti.

Florenz.
Die Biblioteca Nazion. Centr.

Neapel.
Herr Bart. Capasso, Direttore degli Archivi di stato di Napoli.

Rom.
Das Ministero di agricoltura etc
Das R. Comitato geologico d'Italia.
Das Ministero della istruz. pubbl.

Turin.
Die R. Deputazione di storia patria.

Venedig.
Die R. Biblioteca naz. di S. Marco
Herr Prof. Domen. Ciampoli.

Dorpat (Jurjew).
Herr Bibliothekar Dr. Schlüter.

Kasan.
Die Universität.

Petersburg.
S. Exc. Herr A. Fd. von Swenigerodskoi, Kaiserl. russ. wirklicher Staatsrat.
Herr Serg. von Nikonoff.
Herr Prof. O. A. Sebor.

Tiflis.
Herr conseiller privé Janoffsky, Curateur de l'arrondissement scolaire du Caucase.

Bukarest.
Das Institut de pathologie.

Austin (Texas).
Herr Prof. Alex. Macfarlane.

Boston (Mass.).
Herr Sam. B. Doggett.

Chicago.
Das Board of Trade.
Die Universität

Columbia.
Die General Assembly of the State of South Carolina.

Linkoln (Nebr.).
Die Agricultural Exper. Station.

Montgomery (Ala.).
Herr Eugen Allen Smith.

New-York.
Das Departement of Justice.
Das Columbia College.
Die Theosoph. Society, American Section.
Die Century Association.

Ottawa.
Die R. Society of Canada.
Das Geolog. Survey Department.
Herr Dr. William Kingsford.

Philadelphia.
Die University of Pensylvania.
Herr Charles A. Olivier, M. D.
Herr Dr. Salom. Solis-Cohen.

Toronto.
Die Bibliothek der Universität.

Washington.
Die Amerikanische Regierung.

Santiago.
Herr Eduardo de la Barra.

Cairo.
Das Comité de conservation des monuments de l'art arabe.

Calcutta.
Das Geolog. Survey Department of India.

Sidney.
Das Department of Agriculture of New South Wales.
Herr N. A. Cobb.

Beilage II.

Verzeichniss

der

an der Universität Heidelberg vom 23. November 1893 bis 22. November 1894 Promovirten.

I. In der juristischen Fakultät.

1. Keller Hermann, aus Freiburg i. B., am 24. November 1893.
2. Affolter Hans, aus Solothurn, am 29. November 1893.
3. Senn Robert, aus Baden (Schweiz), am 29. November 1893.
4. Kilzer August, aus Frankfurt a. M., am 8. Dezember 1893.
5. Zenker Max, aus Lindenau, am 8. Dezember 1893.
6. Cohen Albert, aus Hamburg, am 14. Dezember 1893.
7. Siegfried Edwin, aus Zürich, am 15. Dezember 1893.
8. Weber Ludwig, aus Witten a. d. R., am 15. Dezember 1893.
9. Cuers Karl, aus Braunschweig, am 20. Dezember 1893.
10. Hoch Gustav Richard, aus Ellefeld, am 21. Dezember 1893.
11. Reinhardt Paul Gustav, aus Burgstädt, am 21. Dezember 1893.
12. Knoll Friedrich Ernst, aus Bobenheukirchen, am 22. Dezember 1893.
13. Schneider Paul, aus Querfurt, am 23. Dezember 1893.
14. Kehrein Karl, aus Mombach, am 16. Januar 1894.
15. Meyer Paul Joseph, aus Köln, am 24. Januar 1894.
16. Hochrein Robert, aus Hildburghausen, am 24. Januar 1894.
17. Kleinschmidt Erich, aus Bensheim, am 2. Februar 1894.
18. Höckner Woldemar Willy, aus Hilmersdorf, am 2. Februar 1894.
19. Wohlwill Paul, aus Hamburg, am 6. Februar 1894.
20. Ludewig Johann Georg, aus Dresden, am 16. Februar 1894.
21. Reiche-Grosse Max Felix, aus Geringswalde, am 20. Februar 1894.
22. Haase William Benedix, aus Ottengrün, am 27. Februar 1894.
23. Otto Hermann Martin, aus Knobelsdorf, am 27. Februar 1894.
24. Stancioff Nicola J., aus Sophia, am 28. Februar 1894.
25. Naumann Johannes, aus Berthelsdorf, am 28. Februar 1894.
26. Dulheuer Johann Heinrich, aus Lissabon, am 6. März 1894.
27. Harnagel Friedrich, aus Braunschweig, am 6. März 1894.
28. Just Albert Wilhelm, aus Dresden, am 7. März 1894.
29. Stavenhagen Friedrich Wilhelm, aus Zwickau, am 7. März 1894.
30. Snell Walther, aus Dresden, am 9. März 1894.
31. Klaue Karl, aus Oldenburg, am 13. März 1894.

32. Fuchs Wilhelm Karl, aus Dresden, am 13. März 1894.
33. Kopp Arno Robert, aus Schönfeld, am 14. März 1894.
34. Gelpke Paul, aus Därstetten, am 14. März 1894.
35. Hallgarten Robert, aus Frankfurt a. M., am 3. Mai 1894.
36. Hellmann Ludolf, aus Augsburg, am 3. Mai 1894.
37. Freydanck Rudolf, aus Köln, am 8. Mai 1894.
38. Schmidt Max Eugen, aus Elberfeld, am 22. Mai 1894.
39. Hommell Georg, aus Rappoltsweiler, am 23. Mai 1894.
40. Lehmann Engelhard, aus Belicke, am 23. Mai 1894.
41. Gottschalk Hermann, aus Gröbzig, um 23. Mai 1894.
42. Hollack Gustav Bernhard, aus Löbau, um 23. Mai 1894.
43. Röder Heinrich, aus Bremen, am 29. Mai 1894.
44. Göring Karl August Wilhelm, aus Elberfeld, am 29. Mai 1894.
45. Schneider Karl, aus Karlsruhe, am 19. Juni 1894.
46. Metzger Oskar, aus Karlsruhe, am 27. Juni 1894.
47. Gebhard Karl, aus Oppenheim, am 27. Juni 1894.
48. Simony Erwin, aus Berlin, am 29. Juni 1894.
49. Bachfeld Ludwig, aus Frankfurt a. M., am 4. Juli 1894.
50. Quell Gottfried, aus Reichenhain, am 4. Juli 1894.
51. Kaiser Wilhelm Georg, aus Neukirchen, am 4. Juli 1894.
52. Lesche Paul Hermann, aus Dresden, am 10. Juli 1894.
53. Elsasser Moritz, aus Bruchsal, am 10. Juli 1894.
54. Richter Friedrich Otto Walter, aus Dresden, am 13. Juli 1894.
55. Brüderlin Wilhelm, aus Basel, am 13. Juli 1894.
56. Druckmüller Erich, aus Dresden, am 17. Juli 1894.
57. Lichtenberger Gustav, aus Neustadt a. d. H., am 19. Juli 1894.
58. Pabst Rudolf, aus Lübeck, am 19. Juli 1894.
59. Panther Albert, aus Neubrandenburg, am 20. Juli 1894.
60. Neustadt Max, aus Schrimm, am 20. Juli 1894.
61. Freytag Hans, aus Bonn, am 21. Juli 1894.
62. Gundert Ernst, aus Balingen, am 21. Juli 1894.
63. Maier Rudolf, aus München, am 24. Juli 1894.
64. Schaarschmidt Benno Eugen, aus Neukirchen, am 24. Juli 1894.
65. Graf zu Erbach-Fürstenau Elias, aus Fürstenau, am 25. Juli 1894.
66. Freiherr von und zu Bodman Rudolf, aus Bodman, am 25. Juli 1894.
67. Haas Wilhelm, aus Mannheim, am 26. Juli 1894.
68. Koch Fritz, aus Mannheim, am 26. Juli 1894.
69. Haeusler Otto, aus Braunschweig, am 27. Juli 1894.
70. Heinze Wolfgang, aus Leipzig, am 31. Juli 1894.
71. Reuter Georg, aus Kaufungen, am 31. Juli 1894.
72. Scott James Brown, aus Philadelphia, am 1. August 1894.
73. Wirth Eduard, aus Berlin, am 2. August 1894.
74. Voigt Paul, aus Sangerhausen, am 2. August 1894.
75. Fuchs Heinrich, aus Hilsbach, am 3. August 1894.
76. Bernhold Oskar, aus Regensburg, am 3. August 1894.
77. Rupp Karl, aus Pforzheim, am 4. August 1894.
78. Henze Walter Gustav, aus Heinichen, am 4. August 1894.
79. Vetter Johann Max Rudolf, aus Dresden, am 4. August 1894.
80. Schumann Friedrich, aus Gotha, am 7. August 1894.

81. Schmid Jakob, aus Ermensee, am 7. August 1894.
82. Elvers Ferdinand, aus Wernigerode, am 7. August 1894.
83. Ladenburger Bernhard, aus Mosbach, am 8. August 1894.
84. Bassermann-Jordan Friedrich, aus Deidesheim, am 8. August 1894.
85. Meyer Heinrich, aus Bremen, am 9. August 1894.
86. Goldberg Max, aus St. Petersburg, am 9. August 1894.
87. Milczewsky Paul, aus Stuttgart, am 10. August 1894.
88. Schnoor Hermann, aus Leipzig, am 10. August 1894.
89. Lottermoser Heinrich Walther, aus Dresden, am 10. August 1894.
90. von Brescius Karl Hans, aus Dresden, am 11. August 1894.
91. Jani Heinrich Alfred, aus Dresden, am 11. August 1894.
92. Höhne Hermann Alfred, aus Zwickau, am 11. August 1894.
93. Hellerer Oskar, aus München, am 12. August 1894.
94. Beier Paul Rudolf, aus Härtensdorf, am 12. August 1894.
95. Klemm Friedrich, aus Sangerhausen, am 12. August 1894.
96. van Gember Alexius, aus Rheinberg, am 23. Oktober 1894.
97. Tegtmeyer Hans, aus Hannover, am 23. Oktober 1894.
98. Heiduschka Oskar, aus Dresden, am 31. Oktober 1894.
99. Steingröver Leo, aus Essen, am 31. Oktober 1894.
100. Kühnemann Kurt Eugen, aus Berlin, am 6. November 1894.

II. In der medicinischen Fakultät.

1. Bettmann Siegfried, aus Bayreuth, am 1. Dezember 1893.
2. Baumann Albrecht, aus Guntersblum, am 21. Dezember 1893.
3. Schwarzenberger Beni, aus Heilbronn, am 25. Januar 1894.
4. Strube Georg, aus Bremen, am 2. Februar 1894.
5. Jost Heinrich, aus Karlsruhe, am 2. Februar 1894.
6. von Hippel Richard, aus Halle, am 20. Februar 1894.
7. Chaney Eugen, aus Bristol, am 23. Februar 1894.
8. Weil Max, aus Laupheim, am 23. Februar 1894.
9. Nicolai Konstantin, aus Nijmwegen, am 23. Februar 1894.
10. Hedderich Ludwig, aus Grosshausen, am 1. März 1894.
11. Schütz Robert, aus Mannheim, am 1. März 1894.
12. Leydhecker Otto, aus Darmstadt, am 16. März 1894.
13. Mohr Wilhelm, aus Zweibrücken, am 16. März 1894.
14. Gross Otto, aus Frankfurt a. M., am 27. April 1894.
15. Heddäus Albert, aus Birkenfeld, am 27. April 1894.
16. Best Friedrich, aus Wermelskirchen, am 27. April 1894.
17. Braden Paul, aus Darmstadt, am 5. Juni 1894.
18. Bollmann Friedrich, aus Bremen, am 20. Juni 1894.
19. Kinscherf Friedrich, aus Heidelberg, am 20. Juni 1894.
20. Lobstein Ernst, aus Neustadt, am 3. August 1894.
21. Neuhaus Ernst, aus Welschenennest, am 7. August 1894.
22. Veis Julius, aus Frankfurt a. M., am 2. November 1894.
23. Bäumges Matthias, aus Selhausen, am 8. November 1894.

III. In der philosophischen Fakultät.

1. Wolff Rudolf, aus Heidelberg, am 12. Oktober 1893.
2. Naumann Moritz, aus Posen, am 28. Oktober 1893.
3. Zimmermann Richard, aus Perleberg, am 1. Februar 1894.
4. Spanier Meier, aus Wunstorf, am 19. Februar 1894.
5. Dunant Alphonse, aus Genf (Schweiz), am 13. März 1894.
6. Zolinski Joseph, aus Breslau, am 22. März 1894.
7. Harris Ernest Lloyd, aus Rock Island (Ill., U. S. A.), am 17. April 1894.
8. Curtis Francis John, aus Blandford (England), am 5. Mai 1894.
9. Haasler Ernst, aus Insterburg, am 18. Juni 1894.
10. Hershey Amos S., aus Hockersville (Penns., U. S. A.), am 18. Juni 1894.
11. Christiani Johannes Georg, aus Pernau (Livland), am 20. Juni 1894.
12. Burdinski Richard, aus Insterburg, um 24. Juni 1894.
13. Challandes Leo, aus St. Petersburg (Russland), am 20. Juli 1894.
14. Heyder Franz, aus Bruchstedt, um 21. Juli 1894.
15. Thiess Karl, aus Löbejün, am 25. Juli 1894.
16. Toews Peter, aus Fürstenwerder, am 28. August, 1894.
17. Tuckermann Frederick, aus Greenfield (Mass., U. S. A.), am 28. August 1894.
18. Sinzheimer Siegfried, aus Worms, am 30. August 1894.
19. Yoshida Tetsutaro, aus Kagoshima (Japan), am 24. September 1894.
20. Schäfer Karl, aus Mannheim, am 26. September 1894.

IV. In der naturwissenschaftlich-mathematischen Fakultät.

1. Vorster Walter, aus Stassfurt, am 11. Dezember 1893.
2. Münch Arthur, aus Hof, am 9. Januar 1894.
3. Schkolnik Gregor, aus Odessa, am 9. Januar 1894.
4. Klöppel Edmund, aus Coblenz, am 16. Januar 1894.
5. Schlieper Friedrich Wolfgang, aus Elberfeld, am 19. Januar 1894.
6. v. Küylenstjerna A. K. Gustav, aus Stockholm, am 7. Februar 1894.
7. Bodenstein Max, aus Magdeburg, am 12. Februar 1894.
8. Tetzlaff Willy, aus Wernigerode a. H., am 21. Februar 1894.
9. Heber Eduard, aus Niedersachswerfen (Hannover), am 3. März 1894.
10. Schnell Hans, aus Burgdorf (Hannover), am 3. März 1894.
11. Ewing Arthur R., aus Glasgow, am 11. März 1894.
12. Meinecke Emil P. M., aus Alameda (Californien), am 16. März 1894.
13. Chewings Charles, aus Woorkongoree (Südaustralien), am 22. März 1894.
14. Kottenhahn Werner, aus Ruhrort, am 24. März 1894.
15. Henrich Ferdinand, aus Wiesbaden, am 30. April 1894.
16. Seidel Heinrich, aus Rumburg (Böhmen), am 24. Mai 1894.
17. Koppert Karl, aus Ottersheim (Baden), am 6. Juni 1894.
18. Taverne Hermann Joh., aus Leiden, am 8. Juni 1894.
19. Low James Webster, aus Kirriemuir (Schottland), am 13. Juni 1894.
20. Abresch Hermann O. August, aus Neustadt a. d. H., am 20. Juni 1894.
21. Tust Karl Eduard Theodor, aus Elberfeld, am 25. Juni 1894.
22. Allen Louis S., aus New-York, am 27. Juni 1894.

23. Marcusson Julius, aus Linden bei Hannover, am 29. Juni 1894.
24. List Otto, aus Elberfeld, am 4. Juli 1894.
25. Niederhofheim Robert, aus Frankfurt a. M., am 6. Juli 1894.
26. Stern Adolf, aus Berlin, am 7. Juli 1894.
27. Lord Edwin C. E., aus Brooklyn, New-York, am 13. Juli 1894.
28. Abbes Johann Heinrich, aus Bremen, am 13. Juli 1894.
29. Nanninga Arnold Willem, aus Onderdendam, Holland, am 2. August 1894.
30. Friedmann Alexander, aus Wien, am 4. August 1894.
31. Weiss Arthur, aus Weimar, am 4. August 1894.
32. Lyons Rob. Edward, aus Bloomington, Indiana, am 21. September 1894.
33. Jacob Adolf, aus Kreuznach, am 29. Oktober 1894.
34. Stoffregen Otto, aus Braunschweig, am 6. November 1894.
35. Harris Walter, aus Bierton, England, am 7. November 1894.
36. Werner Robert, aus Heidelberg, am 19. November 1894.